이야기
청소년신학

이야기 청소년신학

초판 1쇄 발행 | 2019년 03월 14일
초판 2쇄 발행 | 2021년 04월 15일

지은이 | 딘 보그먼 / 마상욱
펴낸이 | 강영란

편집 | 김지혜, 권지연
디자인 | 트리니티
마케팅 및 경영지원 | 이진호

펴낸곳 | 도서출판 샘솟는기쁨
주소 | 서울시 충무로 3가 59-9 예림빌딩 402호
전화 | 대표 (02)517-2045
팩스 | (02)517-5125(주문)

이메일 | atfeel@hanmail.net
홈페이지 | https//blog.naver.com/feelwithcom
페이스북 | https//www.facebook.com/publisherjoy
출판등록 | 2006년 7월 8일

ISBN 979-11-89303-14-3(03190)

이 도서의 국립중앙도서관 출판예정도서목록(CIP)은
서지정보유통지원시스템 홈페이지(http://seoji.nl.go.kr)와
국가자료종합목록시스템(http://www.nl.go.kr/kolisnet)에서
이용하실 수 있습니다. (CIP제어번호 : CIP2019008038)

이야기
청소년신학

딘 보그먼 / 마상욱 지음

청소년을 성장하고 꿈꾸게 하는 근원적 질문

샘솟는
기쁨

청소년신학, 가정사역이 함께해야

김성묵 대표 | 두란노 아버지학교

저자 마상욱 교수는 아버지학교의 전문위원이고, 다년간 청소년 관련 프로그램을 만들거나 업그레이드할 때마다 의견을 물으면서 교제해서, 그의 영성과 열정, 청소년사역의 열매를 잘 알고 있었습니다.

이야기 청소년신학, '청소년신학'도 생소한 단어인데 '이야기'라니, 참 뜻밖에 제목이었습니다. 나는 얼른 첫 장을 열었고, 몇 행을 읽다가 그대로 빨려 들어가서 밤새워 다 읽었습니다. 시대를 읽는 통찰력과 예수님에 대한 사랑, 교회와 청소년에 대한 사랑이 넘치고, 글은 깊이가 있으면서 쉽고 명료했습니다.

지난 20년 넘게 아버지학교에서 청소년 문제로 고민하는 부모님을 많이 보았습니다. 이 책에서 '그래서 문제였구나'라는 깨달음과 '우리가 좀더 효과적으로 도울 수 있었을 텐데'라는 아쉬움이 있었습니다.

오직 청소년지도자로서 20여 년, 앞으로도 그 길로 나아가는 마상욱 교수는 이론과 실재를 갖춘 목회자로서 왜 청소년사역이 이 시대에 필요한지, 태도와 자질은 어떠해야 하는지 등 청소년사역의 기초와 원리를 신학적으로 해석했습니다. 또한 공저자 딘 보그먼 교수의 가르침대로 실천신학을 청소년신학으로, 또 가정사역이 함께 해야 한다는 데 공감합니다.

21세기 포스트모던의 시대를 살아가는 이 땅의 목회자와 신학생은 물론 청소년지도자, 가정사역자, 그리고 성장기 자녀를 둔 부모님에게 꼭 읽어보시기를 추천합니다.

이론신학과 실천신학이 균형있게

정성욱 교수 | 덴버신학대학원 조직신학

오늘날 한국교회는 위기를 맞고 있다. 미래세대가 교회를 떠나고 있다는 것은 엄청난 위기가 아닐 수 없다. 한 세대가 지나면 한국교회는 거의 유럽화 될 것이라고 보는 견해가 지배적이다. 이 상황에서 청소년과 함께 호흡하며 그들을 세우고자 오랜 세월 동안 노력한 두 저자가 매우 요긴한 책을 출간했다. 이 두 사람의 용기에 박수를 보낸다.

무엇보다 신학대학원에서 조직신학을 20여 년간 가르친 나에게 청소년신학을 다루는 이 책은 신선한 감동으로 다가왔다. 단순히 이론적인 책이 아니다. 좀 더 실천신학적인 책이다. 더 정확하게 이론신학과 실천신학이 균형 있게 통합되었다.

우선 청소년신학이 왜 필요한지, 청소년지도자가 해석해야 할 것들이 성경과 문화와 자아임을 확인한 것은 매우 심오한 통찰이다. 거기에 문화를 해석하는 틀과 자아를 해석하는 틀을 제공하고, 청소년 지도의 생태학적 접근, 인격과 성에 대한 접근은 물론 디지털 세대와 소비중심사회라는 현대 문화의 특징 분석, 마지막으로 예수 중심의 청소년사역은 총체적 접근을 지향해야 한다는 것이다.

그래서 모든 독자들은 처한 상황과 형편에 따라 맞춤형의 유익을 얻을 수 있다. 이미 청소년들과 청소년지도자를 위한 책이라는 점에서 환영받아야 마땅하다. 여러 면에서 강점이 있고, 유익한 책이기에 일독을 적극 권면한다.

다음세대를 읽어내는 책

김근수 교수 | 칼빈대학교 총장

한국교회는 다음세대를 잃어버렸습니다. 그 결과가 몇 년 지나지 않아 교회에 쓰나미처럼 몰려올 것입니다. 임시방편적인 프로그램 몇 가지를 도입해서 해결될 문제가 아닙니다. 향후 10년은 젊은 세대를 위한 한국교회의 마지막 골든타임이라고 판단됩니다. 이때 미국 청소년사역자 1세대 고든코넬신학대학원의 딘 보그먼 교수와 한국 청소년사역자 1세대 마상욱 교수, 두 저자의 풍부한 현장경험과 학문적인 노력을 통해서 '청소년신학'을 한국에 소개한 점을 감사드립니다.

한국교회의 다음세대를 살리기 위해 이 책의 신학적 접근은 가장 근본적인 작업이라 생각합니다. 이런 의미에서 한국교회는 다음세대를 읽어야 합니다. 이 책은 전통신학과 성경해석을 통해서 실천신학을 만든 것처럼, 실천신학의 원리에서 출발하여 청소년신학을 구성하고, 복음주의적인 관점에서 어떻게 다음세대사역에 적용할 것인가를 알려주고 있습니다.

교회학교와 청소년지도자에게 꼭 필요한 이론과 실재입니다. 이 시대의 훌륭한 성과입니다. 이 노력을 통해 한국의 교회학교가 질적으로 양적으로 부흥하는 모습을 기대하며 적극 추천합니다.

청소년사역의 방향성 제시

서영석 목사 | (사)한국어린이전도협회 대표

저자 마상욱 교수는 우리 단체의 지도자 세미나에서 강사로 처음 만났습니다. 함께한 우리 모두에게 큰 감동을 주었고, 어린이를 전도하고 곧 청소년이 되는 그들을 어떻게 돕고 섬겨야 하는지에 대해 커다란 임팩트를 주기에 충분했습니다. 그 이후, 우리 단체의 여러 지회가 주최하는 교사 강습회의 유명 강사가 되었고, 마상욱 교수를 강사로 모신 지회 대표들에게, 그리고 참여한 많은 교사들에게 큰 도전이 되었습니다.

우리가 만나는 청소년의 마음을 감싸주고, 그들의 필요를 채워주며, 말씀으로 격려하는 것도 청소년사역의 중요한 부분입니다. 그러나 한 순간의 감동을 자아내는 것이 아닌, 흔들림 없는 비전을 심어주는 확고한 사역의 자리매김을 위해 하나님께서 조명하시는 분명한 신학을 가지고 청소년사역의 방향성을 정해 나아가야 합니다.

이 책에서 알 수 있듯이, 청소년에게 올바로 적용하는 성경 해석과, 문화를 바르게 해석하고, 청소년지도자 자신을 올바로 해석할 때 정말 이 시대가 요구하는 탁월한 청소년지도자로 섬길 수 있을 것입니다. 이 책은 그러한 마음의 부담을 가진 분들에게 분명한 지침서이자 소중한 책이라고 확신하며 기쁜 마음으로 추천합니다.

마상욱 목사님은 청소년사역에 대한 열정과 올바른 방향에 대한 통찰, 목적을 이루는 뛰어난 전략을 가진 분이다. 이 책은 청소년신학의 모델이자 척박한 청소년사역터에서 복음의 본질에 충실하면서 새 희망을 보여주는 최고의 지침서이다. _미래학자 **최윤식** | 박사, 『2020 2040 한국교회 미래지도』 저자

청소년신학의 부재에서 난타전이었던 청소년사역의 현주소를 진단하고, 신학과 문화의 토대 위에 전인적인 사역의 담론을 제시하였다. 하나님과 복음의 이야기로 전달함으로써 청소년사역의 길잡이가 되는 책이다.

_**탁주호** | 목사, 성서유니온선교회 서서울지부 총무

시골교회에 부임했을 때 청소년이 없는 막막한 상황, 참고할 자료도 없었다. 저자의 권면대로 하나님의 말씀대로 무에서 유를 창조하기로 하자 놀라운 열매를 주시기 시작했다. 내게 새 지평을 열어준 바로 그 내용이 고스란히 담긴 이 책을 같은 고민을 가진 이들에게 강력히 추천한다.

_**김정일** | 목사, 제천성광교회 담임, 전 넥서스크로스 편집장

저자에게 청소년사역 현장에서 20여 년은 지도도 나침반도 없는 전투였을 것이다. 잘 하고 있는지, 신학적으로 성경적으로 어떻게 청소년을 만날 것인지 등 내게도 반복되는 고민이었다. 이처럼 근본적 질문을 정립한 청소년지도자의 필독서이다.

_**박현동** | 십대지기 선교회 대표

'후배'는 '선배'를 바라보고 따라가는 존재, 선배는 후배가 걸어갈 발자취를 남기는 존재이다. 이 책을 통해 더 풍성히 배우며 따를 수 있음이 얼마나 감사한지 모른다. **_김보성** | 목사, 청소년사역자, 향상교회청소년디렉터

현장사역자의 실천적 문제의식 아래, 인문학적 이해와 조우한 성경적 답변을 제시하는 이 책에 큰 매력을 느낀다. 청소년의 인성이나 신앙을 지도하거나 고민해야 하는 그리스도인이라면 이 책을 꼭 읽어볼 것을 추천한다.

_손성찬 | 목사, 『묻다 믿다 하다』 저자

청소년사역자협의회 정기 모임에서 저자를 만났다. 대화 중에 청소년사역은 이제 철학을 넘어 신학이 필요하다고 했는데, 이 책이 청소년지도자들에게 신학적인 체계와 시대적인 부름 그리고 청소년을 이해하고 사역해가도록 도울 것이다. **_왕동식** | 목사, 서울YFC 대표, 청소년사역자협의회 대표

딘 보그먼 교수님과 마상욱 교수가 함께 다음세대를 위한 현장사역의 신학적 근간을 마련할 수 있는 첫발을 디뎠다는데 큰 의미가 있다. 현장에서 열매를 맺으리라 기대한다. **_권순웅** | 목사, 주다산교회 담임, NSM 대표

이 책은 청소년사역과 청소년사역자에 대한 근본적인 질문과 함께 근원적인 대안을 만들어주는 교과서이다. 30년 동안 다음세대 사역을 한 나 역시 큰 도움이 되었다. 목회자와 교사, 학부모들이 반드시 읽어야 할 책이다.

_전경호 | 목사, 다음세대코칭센터 대표

어떻게
함께할 것인가?

이 책을 읽고 있는 여러분은 청소년지도자입니다. 아마 일터나 현
장, 목회가 더 효과적이길 바라며 이 책을 읽고 있을 것입니다. 일을 하
다보면 신이 날 때도 있고 스스로 잘 하고 있다는 기분이 들 때도 있지
만, 때로는 낙심하거나 상황이 제대로 돌아가지 않는다고 느낄 때도 있
습니다. 이 책은 전자와 후자 모두를 위한 책입니다.

여러분의 능력은 어디에서 나온다고 생각하나요? 또 여러분이 경
험한 성공은 어디에서 왔다고 생각하나요? 인생에서 영향을 받은 인물
을 말할 수 있고, 혹은 단체에서의 경험을 이야기할 수도 있습니다. 이
러한 경험이 우리를 일하게 합니다. 우리가 어떤 것을 성취하든지 이는
우리를 위해 기도하는 분들에게서 시작됩니다. 결국 우리의 능력은 예
수님과의 관계와 우리가 돌보고 있는 청소년과의 관계를 통해 우리를

들어 쓰시는 하나님께로부터 나옵니다.

청소년 모임이나 수련회, 혹은 예배에서 개인적인 대화를 하다 보면 우리는 청소년이 믿음을 갖게 되는 순간을 자주 봅니다. 그리고 몇몇 기본적인 질문을 마주합니다.

"기독교인으로서 어떻게 성장할 수 있을까?

"어떻게 해야 하나님을 더 잘 알 수 있을까?"

"기도는 어떻게 해야 하나?"

"어떻게 친구들과 부모님에게 내 신앙을 나눌 수 있을까?"

대부분 각자의 경험으로 이러한 질문에 대한 답이 준비되어 있습니다. 그러나 시간이 지날수록 청소년의 질문은 더욱 구체적이고 어려워집니다.

"예수님을 제 구주로 영접한 지 일주일 만에 십자인대가 끊어졌어요. 어떻게 이런 일이 일어날 수 있는 거죠?"

"이민자가 지중해에서 익사하는 영상을 봤어요. 자비로우신 하나님이 어떻게 그런 고통을 방관할 수 있지요?"

"아버지는 불교신자예요. 그럼 아버지는 지옥에 가는 건가요?"

"저희 선생님이 세상에서 필요한 지식은 과학이 알려준다고 하셨어요. 그래서 이성적인 사람은 구닥다리 믿음에 의존하지 않는다고 하셨습니다."

청소년이 이렇게 물을 때 어떻게 대답해야 할까요? 이러한 질문은 사역에 대한 우리의 신학과 믿음, 그리고 삶 속에서의 신학에 대해 고민하게 합니다. 예수님께서는 지금 시대의 이슈인 문제에 대해 어떤 답을 하실까요? 성경은 이 세상에서 일어나는 일에 대해 뭐라고 했나요?

밝고 호기심이 왕성한 청소년에게 하나님을 더 믿고 기도하며 성경을 꾸준히 읽으라는 단순한 말은 적절하지 않은 답변입니다. 청소년이 궁금해 하는 주제에 대해 정직하고 효과적으로 이야기하려면 통찰력 있고 깊이 있는 내용을 준비해야 합니다. 이 부분에서 신학이 들어서야 합니다.

청소년을 대하다 보면 그들이 스트레스와 말로 표현하지 못할 불안감을 느끼고 있다는 것을 알게 됩니다. 청소년은 자신이 경험하는 상황에 적용할 수 있는 구체적인 위안과 성취를 가져오는 통찰력 있는 삶의 방법과 생각의 기술을 찾고 있습니다. 바로 여기에 신학이 필요합니다.

그런데 우리 자신이나 청소년 같은 일반적인 기독교인에게 삶의 신학이 필요하다는 말은 무슨 뜻일까요? 신학은 깊은 어려움에 직면한 곤혹스러운 질문에 도전하도록 본질적이고 성경적인 믿음을 제공합니다. 신학은 기독교인이 더욱 성장하고 성숙하도록 도와줍니다.

신학은 무엇일까요? 말 그대로 신학은 하나님을 아는 것입니다. 신학자란 하나님을 아는 사람을 말합니다. 이 부분만으로도 소논문이나 책이 될 만합니다. 하지만 하나님을 안다는 것은 우리의 지적인 활동, 그 이상입니다. 하나님을 안다는 것은 지식 너머 하나님의 신비와 초자연적인 은혜를 경험하는 것입니다. 이러한 경험은 그리스도인으로서 우리의 특권입니다!

그러나 성경을 연구하는 신앙인을 모두 신학자라고 해도, 특히 우리가 전문인으로 부르는 사람들이 있습니다. 교부(Church Fathers), 교모(Church Mothers) 때부터 기독교인은 세상의 문제를 이해하기 위해 자신의 시대에 맞는 최선의 도구를 사용해 왔습니다.

지난 몇 세기에 걸쳐 성경은 점점 완성본의 형태를 갖추었고, 공인되었습니다. 또한 우리의 믿음은 시대마다 최고의 지적 도구와 함께 신조를 통해 선포되었습니다. 역사적으로 보면 성 이그나티우스(안티오크의 주교)부터 어거스틴, 마틴 루터, 칼 바르트, 성 패트릭(역사적으로 위대한 복음주의자), 빌리 그래함(위대한 선교사이자 복음주의자)은 하나님의 나라를 전하기 위해 그들의 시대에 맞는 논리와 소통 기술, 당시의 철학, 인문학을 사용했습니다.

신학이란 무엇일까요? 신학은 우리 삶의 모든 면에 하나님의 진리를 어떻게 적용할지 계속해서 고찰하는 것입니다. 저는 예수님께서 제자들에게 하신 말씀이 오늘날 우리에게도 적용될 수 있다고 믿습니다.

"내가 아직도 너희에게 이를 것이 많으나 지금은 너희가 감당하지 못하리라 그러나 진리의 성령이 오시면 그가 너희를 모든 진리 가운데로 인도하시리니"_요한복음 16:12-13a

어떤 사람들은 이 말씀을 당시 사람들이 예수님의 죽음과 부활을 목격하거나 성령이 오심을 경험하지 못했다는 사실로만 제한합니다. 저는 이 또한 사실이라고 생각합니다.

그러나 잘 알려졌듯이 오순절 이후에도 기독교인에겐 신약성경이나 교회의 교리, 혹은 정해진 신조나 공표된 말씀이 없었습니다. 더불어 당시 기독교인은 사회적 혹은 정치적 일도 해결하지 않았습니다. 공동체의 성도들은 영적인 신비나 일상의 삶에서 미묘한 문제에 대한 답을 찾아야 했습니다. 이러한 일은 지금도 삶을 해석하는 데 있어 성령의 조명이 필요하다는 것입니다.

신학에는 여러 관점이 있습니다. 성경신학자들은 히브리어와 헬라어, 구약과 신약 시대의 문화에 대한 지식을 통해 성경신학을 보여줍니다. 역사학자들은 어떻게 교회가 역사의 폭풍을 경험하며 성장했는지, 그리고 슬프게도 첫 세기부터 지금까지 교회가 어떻게 분리되었는지를 연구합니다. 이들이 바로 역사신학자입니다. 우리는 이들로부터 배워야 합니다. '마지막으로'(어떤 사람들은 이 표현을 쓸 것입니다) 이 모든 것을 한데 모아 정리하려는 사람들이 있는데, 이들이 바로 조직신학자입니다.

조직신학을 넘어 신학에는 실천신학도 있습니다. 바로 그 실천신학이 우리와 관련이 있습니다! 저와 여러분은 실천신학자로서 실천신학의 스펙트럼 위에 위치해 있습니다. 최신 음악이나 팝 문화, 미디어 연구(성경에 대한 연구와 함께 소셜 미디어나 사회학, 심리학 등을 포함한)는 모두 실천신학에 들어갑니다.

실천신학의 한 면은 교회와 말씀 안에 있고, 다른 한 면은 세상에 있습니다. 실천신학자는 말씀을 해석하고, 세상을 해석하며, 우리 자신을 주해할 수 있어야 합니다. 이는 탐구이며, 우리의 임무를 더욱더 흥미롭고 보람 있게 만듭니다.

현 사회에 대한 이해(사회학)와 사람들이 어떻게 불안해하는지(심리학)에 대한 깊은 이해는 우리와 청소년의 삶과 영혼의 관계를 더욱 깊게 이해하게 합니다. 이 관계의 깊이는 청소년이 다른 사람과의 관계에서 허용하는 깊이나, 디지털 기기와의 관계에서 느끼는 깊이보다 훨씬 더 깊습니다. 철학이나 기본적인 종교학에 대한 이해는 우리에게 다른 종교나 천국과 지옥, 하나님의 위대하심과 우리의 자유의지에 관한 문제에 대해 논할 수 있게 합니다. 이 학문에 대해 이해하지 못한다면 우리는 하나님의 사랑과 은혜를 세상의 수렁과 삶의 두려움으로 가져가게 될 것입니다.

이 같은 논의에 비추어 보면 우리는 다 알지 못하며 연약합니다. 우리는 이런 논의를 통해 배워 가야 합니다. 우리 시대의 청소년은 더 이상 진리에 대한 가르침을 원치 않습니다. 그들은 오히려 우리와 함께 진리를 발견해 가기를 원합니다. 이는 모바일 기기와 구글이 청소년의 삶을 어떻게 바꾸어 놓았는지 보여줍니다. 여러분이 청소년들과 함께 배우길 원치 않는다면, 여러분은 효과적인 지도자가 될 수 없습니다.

다른 종류의 신학이 더 있습니다. 여기에서 다루기에는 충분하지 않은 주제이지만 토론하기엔 충분합니다. 저는 이를 '송영신학'이라고 부릅니다. 송영신학은 하나님에 대한 본질이며, 하나님에 대한 우리의 사고를 넘어섭니다. 송영신학은 하나님과 우리의 살아 있는 관계입니다. 송영신학은 기도, 성경적이고 영적인 독서, 음악을 통한 묵상, 예배 출석, 특별히 성찬에 참여하는 것(예수님이 요한복음 6장에서 나왔듯이 '나의 살과 나의 피'를 받는 것)을 포함합니다. 이런 실천을 통해 우리는 하나님의 사랑을 경험합니다.

우리는 하나님을 사랑합니다. 더불어 우리 자신과 우리를 싫어하는 이웃도 사랑합니다. 하나님께서 먼저 우리를 사랑하셨기 때문입니다(요한일서 4:19). 구약시대부터 오늘날까지 쉐마, 즉 가장 중요한 계명은 송영신학과 우리의 영적인 삶을 살도록 이야기하고, 또 하지 말아야 할 것을 금합니다(마가복음 12:28-31). 우리가 먼저 하나님을 사랑하고 경배하며, 하나님을 사랑하는 자들과 우리 자신, 그리고 우리의 이웃을 섬긴다면 이는 실천신학을 하는 것입니다. 이를 통해 우리는 실천신학 안에서 성장합니다.

시간을 내어 조용히 자신에게 물었으면 좋겠습니다. 최근에 나는 어떻게 사랑을 받았으며, 어떻게 하나님과 그의 아들과 성령을 사랑했는지, 그리고 어떻게 여러분 스스로를 사랑하도록 하는지 말입니다. 어떻게 악한 영에게 저항하고, 어떻게 여러분 자신의 모든 부분을 더욱더 사랑하도록 도움을 주는지 말입니다. 마지막으로 어떻게 나와 같이 가장 사랑할 수 없는 존재를 사랑할 수 있는지 물어봤으면 좋겠습니다.

저는 이런 말을 글로 쓰기보다는 여러분을 만나 이야기를 나누고 싶습니다. 언젠가 가능하리라 생각합니다. 그러나 먼저 이런 주제에 대해 자신과 이야기해야 하며, 주위의 사람들과도 나누어야 합니다. 그리고 여러분보다 경험이 있는 사람과도 이야기를 해야 합니다.

여러분이 청소년과 함께하면서 실천신학에 대한 도전을 잠잠히 고민하고 있을 때 저는 여러분 한 사람 한 사람을 위해 축복하고 기도하겠습니다. 또한 한국의 통일과 교회의 연합, 가난한 자와 억눌린 자의 정의에 대해 희망이 있는 다음세대와 그들의 리더인 여러분을 위해 기도합니다. 이 모든 것을 하나님께 영광을 돌리며 주기도문대로 이루어지길 소망합니다.

"뜻이 하늘에서 이루어진 것 같이 땅에서도 이루어지이다."

저자 딘 보그먼(Dean Borgman)

함께한 지 20년,
또 시작입니다

　청소년지도자로서 청소년들과 함께한 지 20년이 되던 해 여름, 미국에서 오신 딘 보그먼 교수님을 만났습니다. 3주간을 동행하면서 한국 사회와 교회 그리고 개인에 대해 이야기를 나누었고, 신비한 경험을 하게 되었습니다.

　60년이 넘도록 청소년사역을 해온 딘 보그먼 교수님은 저의 삶과 사역을 해석하기 시작했습니다. 그것은 그동안 열심히 청소년 관련 일을 해왔지만 큰 틀에서 하나님의 눈으로 저의 사역을 해석해 본 경험이 없었던 저에게 놀라운 일이었습니다. 처음으로 누군가 저의 일을 이해하자 큰 지지를 얻은 것만 같았습니다. 성경을 해석하듯이 다음세대를 해석하고, 문화를 해석하고, 그리고 제가 하는 사역을 해석하게 되면서 큰 힘을 얻을 수 있었습니다.

　이를 통해 그동안 공부한 교육학과 심리학, 상담학을 성경적 관점에서 볼 수 있었고, 이렇게 누군가의 사역을 해석하고 지지하는 역할을 하고 싶었습니다. 이것이 제가 현장지도자로서 다음세대를 위해 신학을 연구한 출발점입니다.

　청소년에게 보다 지혜롭게 다가가고 싶고, 우리 사회와 교회가 청소년을 어떻게 대해야 할지 고민하는 교사와 지도자를 위해 이 책을 준비했습니다. 이 책을 읽고 있는 여러분은 청소년지도자나 교역자 또는 성도일 것입니다. 저에게는 참으로 반가운 일입니다.

　다음세대와 함께하면서 마음이 아프고 안타깝습니다. 사회에서는 정치와 경제적인 논리로 청소년을 바라보고, 교회도 예외일 수 없습니다. 제가 속한 노회의 교회 50% 이상은 교육부서가 없는 실정입니다.

그래서 교회학교가 연합하는 행사나, 중고등부 학생들의 주도적인 활동이 사라지고 있고, 인구 유입이 많은 신도시 몇몇 교회를 제외하면 교회교육이 실제적으로 이루어지기 어려운 상황입니다. 이런 현실에서 도대체 무엇을 해야 할지 고민하게 되었습니다.

그동안 '직접리더'로서 현장의 청소년을 만났다면 이제 지도자를 양성하는 '간접리더'로서 역할이 변화되는 전환기에 있습니다. 제 안에는 20년 넘게 청소년들과 함께하면서 쌓인 현장의 지혜가 있고, 경험에서 얻은 사역의 원리를 나누어야 한다는 소명이 있습니다.

2005년에 명지대학교 총장 정근모 박사님께서 말씀하셨습니다.

"목사님, 공부해야 합니다."

이 말씀을 들을 당시 저는 학부에서 경영학을 공부했고, 대학원에서 신학을 공부했으며, 군대도 장교로 다녀온 상황이었습니다. 그래서 이제 현장의 청소년을 위해 일하면 되지 무슨 공부가 더 필요할까 싶었

습니다.

그런데 그 후 박사님의 말씀은 제 마음에서 떠나지 않았고, 교육에 대해 무지한 상태에서 청소년을 만나고 있다는 자각을 하게 되었습니다. 학부에 다시 들어가 공부를 시작했고, '청소년학'으로 석사와 박사 과정을 마무리하였습니다. 이제 현장 경험을 바탕으로 청소년학을 성경적으로 해석하고자 합니다.

꽃을 아름답게 보려면 오래 보아야 합니다. 다음세대도 마찬가지입니다. 그들을 사랑하면 오래 만나게 되고, 오래 보면 해석하는 눈이 생깁니다. 다음세대를 이해하고, 그들의 문화를 이해하게 됩니다. 그리고 지도자에게 중요한 덕목은 자기 자신에 대한 해석입니다. 진중한 자아 해석을 통해서 청소년지도자로서의 정체성이 분명해야 합니다.

이 책에서 말하는 신학을 다른 단어로 표현하면 '해석학'입니다. 성경적 관점으로 현장의 청소년사역을 해석한다면 그것이 실천신학이고 청소년신학입니다.

이 책은 다음세대를 위한 성경적, 신학적, 그리고 인문학적 기초를 마련하고, 그에 따른 방법론도 함께 정리했습니다. 먼저 다음세대를 위한 신학의 필요성과 그 방법론에 대해 설명했고, 더불어 현장에서 만나는 주제들을 성경적으로 분석하여 다가갈 수 있는 원리를 풀었습니다. 예를 들어 청소년문화를 바라보는 해석의 가이드를 제시하면서 그 원리를 현장에 적용할 수 있도록 했습니다.

나무는 뿌리가 깊이 박혀 있어야 흔들리지 않습니다. 다음세대와 함께 신학적인 근거를 마련하고 그 토대로 실행하길 바랍니다. 다음세대에게 장기적인 리더십이 이루어지기 위해 우리가 배우고 접하는 인문학과 문화를 해석해내야 하고, 지속적인 신학적인 탐구가 함께 이루어져야 할 것입니다. 이 노력을 게을리한다면 마침내 우리는 이 시대에 어울리지 않는 옷을 입게 될 것입니다. 이 책을 통해 함께 생각하고 적용하면서 21세기에 꼭 필요한 지도자와 기관이 되길 소망합니다.

　　집필을 위해 내조와 격려, 그리고 수고를 아끼지 않은 아내 김인남과 딸 마승희에게 감사합니다. 글을 작품으로 만들기 위해 마지막까지 '무언가 중요한 일을 하고 있다'라고 동기부여하신 강영란 대표님의 수고를 기억합니다. 청소년불씨운동의 이사님들과 직원들 그리고 후원자들에게 진심으로 감사드립니다.

　　마지막으로 청소년을 위해 지금도 현장에서 뛰고 있는 선배님들과 동역자 그리고 후배들에게 이 책을 드립니다.

전인멘토 마상욱 목사

PART 1

청소년신학이

필요하다

01

교회와 청소년의 현주소

　청소년의 변화와 사회의 변화는 밀접한 관계가 있습니다. 때문에 우리는 사회의 변화를 잘 알아야 합니다. 역사적으로 보면 1980년대 군부독재 시절엔 산업화 도시화가 진행되었고, 교회도 부흥했습니다.

　왜 이런 시대에 교회가 부흥했을까요? 도시에 있는 사람들이 열심히 전도해서 그랬을 수도 있습니다. 그러나 많은 경우 사회적 요구와 교회가 제공하는 것이 일치했습니다. 교회 목회자들은 도시에 모여 새벽기도, 청교도 윤리의식, 성장 등을 강조했습니다. 특히 군사정권에서 하나 됨(unity)을 강조한 사회적 분위기와 하나의 복음과 하나의 하나님을 주장한 기독교 사상은 맞아떨어졌습니다. 이 또한 하나님의 은혜라고 믿습니다.

1990년대에 들어서면서 교회와 사회의 관계가 변화되기 시작했습니다. 1990년대의 민주화 운동을 통해 사람들은 경제계, 정치계와 같은 주류에 반대해 각자의 생각을 인정해야 한다고 주장하였고, 이에 따라 '다양성'이라는 사상이 대두되었습니다. 삶의 맥락(프락시스)이 변화한 것입니다.

이러한 사회 흐름은 하나의 복음, 한 하나님을 강조하던 기독교 사상과는 맞지 않아 보였습니다. 다양성과 하나 됨을 단순하게 생각하면 상충하는 개념입니다. 이러한 생각은 이원론까지 이어져 보수적 기독교에서는 교회는 옳고 세상은 그르다는 생각을 하게 되었습니다.

다양성과 하나 됨, 상충되어 보이는 이 두 개념을 어떻게 해석해야 할까요? 성경은 하나 됨만 말씀하고 있지 않습니다. 구약성경의 창조 원리는 각각 종류대로 만드신 것입니다. 또한 삼위일체의 하나님은 서로 존중하시고, 서로 경청하시고, 상호 내주하심을 통해 우리에게 다양성을 어떻게 해석해야 할지 알게 하셨습니다. 그런데 교회에서는 흑백논리와 이원론적 사고를 하다 보니 많은 청소년들이 현실에서 직면한 실존적인 문제와는 동떨어져 버렸습니다. 그러한 교회의 모습에 실망한 청소년들이 교회를 떠나기 시작했습니다.

2000년대를 포스트모던 사회라고 합니다. 포스트모던 사회는 영성의 사회, 영적인 것을 추구하는 사회입니다. 1차, 2차 세계대전을 통해 이성적인 것을 추구하던 합리주의 사회가 실패를 겪으며 실존주의가 등장했습니다. 이러한 실존주의를 통해 포스트모던 사회도 발전했습니다.

포스트모던 사회에서는 예수를 믿지 않는 사람도 영적인 것을 믿습니다. 예를 들어 사람들은 해석되지 않아도 C.S. 루이스의 『나니아 연대기』에 나오는 '나니아' 같은 세상을 믿습니다. 이와 같은 21세기 영성의 사회에서 가장 중요한 것은 믿음과 행동이 일치되는 실존적 진정성입니다. 사람들은 이론이 아닌 삶으로 믿음을 보여주는 방식을 원합니다.

그런데 21세기 교회는 아직까지도 20세기의 이성적 방식의 접근을 사용하고 있습니다. 또한 하나님의 나라를 기다린다고 하지만 땅 투기를 하고 있고, 나눔을 말하지만 욕심으로 가득 찬 모습을 발견합니다. 저는 교회 쇠퇴에 근본적인 원인은 사회적 변화의 부적응과 실존적 진정성의 결여 때문이라고 판단합니다.

교회 청소년의 수가 급격히 감소하는 상황에서 다음세대를 다시 교회로 돌아오게 하려면 교회는 학교나 일반 사회가 줄 수 없는 특별한 가치를 전해야 합니다. 단순히 성경말씀을 통해 가르침이나 훈계만 주려 한다면 진정성의 결여라는 어려움을 극복할 수 없습니다. 우리가 믿는 것이 행동으로 보일 때 청소년은 교회의 진정성을 볼 것입니다.

2004년도에 크리스찬 스미스는 미국의 청소년을 연구하며 그들의 신앙고백을 연구했습니다. 그는 신앙생활을 하는 미국 청소년들이 믿고 있는 것을 다음과 같이 정리했습니다.

- 세상을 창조하고 다스리는 신은 존재한다.
- 하나님은 성경의 명령대로 다른 이들에게 착하고 공정하게 대하기를 원한다.
- 삶의 중심 목표는 행복해지는 것과 자기 자신을 좋게 여기는 것이다.
- 하나님은 해결하기를 원하는 어떤 문제를 제외하고는 사람들의 특정한 삶에 개입하는 것을 원하지 않는다.
- 착한 사람은 죽어서 천국에 간다.

청소년은 나름대로 신앙이 있습니다. 앞서 언급했듯이 포스트모던 사회는 영성의 사회여서 특정 종교가 아니더라도 신의 존재를 믿습니다. 하지만 실존적인 하나님보다 멀리서 지켜보는 하나님을 믿고 있습니다. 미국에서 신앙생활을 하는 청소년의 80% 이상이 크리스천 스미스가 제시한 것과 같은 신앙입니다. 이러한 신앙은 특징이 있습니다.

첫 번째 특징은 '도덕적 이신론'입니다. 도덕적 이신론은 하나님은 저 멀리 천국에 계시고 세상에는 개입하지 않는다는 것입니다. 즉 하나님께서 여기 지금 이 시간에 우리와 함께 계신다고 생각하지 않습니다.

이 조사 결과는 2004년도 미국의 자료이지만 현재 한국 교회에 있는 청소년의 특징과 비슷합니다. 이러한 신앙관에 의해 청소년은 하나님이 자신의 삶에 개입하지 않으며 자연적인 체계에 의해서 삶이 흘러간다고 생각합니다.

두 번째 특징은 청소년 신앙의 특징과 깊지 않은 신학적 사고력입니다. 청소년은 성장기의 사고력과 판단력을 하다 보니 쉽게 선동되기도 합니다. 그들은 찬양집회에서는 뜨겁게 뛰면서 찬양하다가도 설교의 내용이 깊어지면 이를 듣지 못합니다. 5분에 한 번씩 흥미롭거나 재미있는 이야기를 해야 그나마 집중을 합니다. 신학적 깊이가 있거나 고민하게 하는 설교를 한다면 청소년은 듣지 못하고 들으려고 하지 않습니다.

물론 그들이 한 시간 반 이상 긴 설교를 듣는 경우도 있지만 그러한 설교는 청소년의 눈높이에 맞추었거나 흥미롭고 재미있는 이야기가 있을 때 가능합니다. 이러한 현상은 '이 시대의 신(god of this age)'(고후 4:4)이 보지 못하고 듣지 못하게 만들기 때문입니다.

마지막 특징은 문화적 안락을 추구하는 청소년 신앙입니다. 그렇다면 청소년은 예배 후에 어디로 향하나요? 교회에 남아 교제하기도 하지만 게임을 하러 PC방에 가거나 카페 또는 패스트푸드점에서 함께 어울리며 마시고 먹습니다. 카페에서 값비싼 고급 커피를 즐기면서 문화적 안락함을 추구합니다. 이러한 행동을 옳다거나 그르다고 판단하기 전에 이것이 오늘날 청소년 신앙의 특징입니다.

21세기를 살고 있는 다음세대에게 일어나는 다양한 현상은 가속화되고 있습니다. 하지만 그들을 존중하고 함께하는 일에는 등한시되어 있는 것이 현실입니다. 청소년들에게 살아계신 하나님과 지금도 여기에 함께하시는 하나님을 전해야 한다면 어떻게 해야 할까요?

청소년에게 신앙인은 도덕적으로 사는 것만이 아니라 더 높은 영적인 경험으로 삶을 이끌어야 한다는 점을 알려줘야 합니다. 청소년을 만나는 지도자는 함께 더불어 깊이 사고할 수 있는 대화를 이끌어야 합니다. 그리고 안락한 문화 안에 머무르는 청소년에게 하나님께서 허락하신 모험으로 살아가기를 힘쓰게 해야 할 것입니다.

02

실천신학에서 청소년신학으로

청소년지도자는 신학을 왜 배워야 할까요? '어린이신학'은 있는데 왜 '청소년신학'은 없을까요? 그렇다면 청소년신학은 어떻게 다가가야 할까요?

청소년에게는 경계가 분명한 돌봄 공동체와 초월적 가치와 영적인 것에 연결되기 위한 프로그램이 그들의 하드웨어에 내장되어 있다. _hardwired to connect 중에서

이는 다트머스의학대학교에서 조사한 연구 결과입니다. 청소년에게 공동체 및 영적인 것과 연결되는 하드웨어가 탑재되어 있어서 지도자는 그것들을 연결하고, 그 연결고리를 일깨우는 역할을 해야 합니다.

종종 청소년지도자는 청소년이 영적인 것에 대해 생각하지 않는다고 생각합니다. 그러나 연구 결과에서 알 수 있듯이, 청소년은 삶과 죽음에 대해 지속적으로 관심을 가집니다. 이런 실존적 고민에 빠져 있는 청소년을 지도하기 위해서는 지도자가 먼저 신학적인 관점을 가지고 있어야 합니다.

제가 만난 청소년지도자들은 대부분 강한 진정성(Integrity)을 소유하고 있었습니다. 그러나 청소년과 함께하려는 열정에 비해 계획적이고 전략적인 내용이 결핍되어 있기도 했습니다. 몇몇 청소년지도자의 경우 청소년의 문화적 즐거움을 우선순위에 두면서 다가가려고 합니다. 이러한 청소년지도자에게 신학적인 배경이 갖춰져 있다면 더 좋은 현장이 될 거라고 생각합니다.

바쁘게 돌아가는 현장에서 청소년지도자로서 일부분의 결핍은 당연한지도 모릅니다. 그러나 필요를 채우고 보완하는 일이 지속적으로 이루어질 때 지도자로서 정체성을 잃지 않을 것입니다. 이런 일들은 신학적 고민과 현상을 연구할 때 가능합니다.

21세기는 다양성을 중시하는 시대이기에 어떠한 책을 해석하더라도 저자 중심보다 독자 중심으로 해석합니다. 그렇기 때문에 성경이 진리라는 사실은 이 시대의 메시지와 상충되기도 합니다.

21세기는 하나님의 뜻을 이야기하려면 청소년의 다양한 관점을 이해하면서 다가가야 하는 시대입니다. 이런 시대적 배경에 따라 간혹 진리인 하나님이 제외된 해석을 시도하기도 합니다. 그러나 하나님이 빠진 해석이라면 인간의 자기중심적 해석이 되고 맙니다.

여러분도 현장에서 자기중심적 해석에 빠진 청소년을 만나기도 할 것입니다. 이때 우리가 하나님의 말씀 안에 서 있다는 것이 전달되어야 청소년의 시각이 더 이상 왜곡되지 않습니다. 더불어 인문학, 자연과학 같은 학문도 하나님께서 주신 일반 은총의 영역이어서 일반 학문의 강점을 통섭한다면 더욱 효과적입니다. 물론 그 안에 불필요한 신앙적 오류를 짚을 수 있을 때 성숙한 해석이 될 것입니다.

"나는 포도나무요 너희는 가지라 그가 내 안에, 내가 그 안에 거하면 사람이 열매를 많이 맺나니 나를 떠나서는 너희가 아무것도 할 수 없음이라"
_요한복음 15:5

가지가 열매를 맺기 위해서는 나무에 붙어 있어야 합니다. 가지가 독립적으로 살 수 있다고 하거나 가지끼리만 붙어 있다고 강조하는 사회가 바로 우리가 살고 있는 21세기 포스트모던 사회입니다. 나무는 진리이신 예수 그리스도입니다. 우리가 예수님과 연결되어 있지 않다면 진리를 향하는 데 한계가 있습니다.

실천신학은 일반신학을 실제 삶으로 가져오는 역할을 합니다. 일반

신학에는 구약성경과 신약성경의 연구를 통해서 하나님의 뜻을 찾는 성경신학, 역사신학 그리고 주제에 따라 신론, 그리스도론, 성령론, 인간론, 구원론, 종말론으로 체계적으로 정리한 조직신학 등이 있습니다. 물론 일반신학도 생각의 구조를 정리한다는 의미에서 중요합니다. 그러나 신학을 학문적 영역에서만 다루는 사변적 신학으로 남겨 놓는다면 플라톤의 이데아 수준에 머무를 것입니다.

이데아는 하늘나라에 대해서 말하고 있지만 그 하늘나라를 증명할 방법이 없습니다. 플라톤이 이야기했던 이데아를 이 땅으로 가져오는 방식이 바로 실천신학입니다. 실천신학이란 복음과 기독교 전통에서 그 원리를 찾아 현재 교회에서 필요한 행위를 비판적으로 반성하여 적용합니다. 즉, 우리가 살면서 직면하는 여러 가지 실제적인 문제들에 대해 성경적 답을 주려고 시도하는 학문적 영역입니다. 실천신학은 목회적 돌봄과 영혼 양육을 위해서 필요한 기술을 연구하기 때문에 목회신학이라고 부르기도 합니다.

청소년신학이란?

그렇다면 청소년신학은 무엇일까요? 청소년신학은 실천신학과 마찬가지로 신학의 원리에서 현재 청소년들이 살고 있는 문화와 그들을 해석하고 적용하는 방법을 알려주는 학문입니다. 실천신학처럼 신학에서 찾은 성경적 원리를 통해 청소년을 해석해야 합니다. 즉, 청소년신학은 성경과 신학에서 다음세대와 그들의 삶을 해석하는 원리를 갖고 현재 청소년들이 살고 있는 사회와 문화 개인의 삶을 해석하는 학문입니다.

신학에서 찾은 원리를 목회에 적용하는 학문이 실천신학이었다면, 그렇게 전이하는 방식을 청소년의 삶의 영역으로 가져온 것이 청소년신학입니다. 이것이 우리가 연구하려고 하는 청소년신학입니다. 그리고 이 역할을 감당하는 사람이 바로 저와 여러분과 같은 청소년지도자입니다. 그렇기 때문에 우리는 실천신학자이면서 신학을 실천하고 있는 사람들입니다.

신학적 사고의 시작은 죽음을 생각할 때 만들어집니다. 인간은 죽음 앞에서 하나님을 생각하기 시작합니다. 인생에는 끝이 있습니다. 인간은 무모하게 살다가도 어느 순간 가던 길을 멈추면 개인의 종말과 죽음에 대한 생각을 합니다. 청소년 시기는 빠르게 성장하는 때입니다. 청소년사역은 '그들에게 죽음을 기억하게 하라(Memento mori)'에서 시작합니다. 인생을 시작하는 청소년들에게 역설적이게도 우리는 죽음을 기억하게 해야 합니다. 죽음을 기억해야 삶은 진지하게 살아갈 수 있습니다.

영원할 수 없는 인간이 영원한 생명을 꿈꾸는 이유를 설명하는 것인 신학이고, 이것이 인간 삶의 역설입니다. 키에르케고어는 이런 고민들을 통해 실존을 강조한 학자입니다. 키에르케고어는 '신 앞에 선 단독자'란 말을 통해 신 앞에 섰을 때 찾아오는 외로움을 이길 수 있도록 해주는 것이 바로 하나님의 은혜라고 했습니다. 시대마다 변화하는 사람들의 다양한 질문에 답은 오직 복음이었습니다.

고대사회의 사람들이 생각한 궁극적인 삶의 요구는 '불멸'이었습니다. 이는 이집트의 미라나 진시황의 병마용을 통해 확인할 수 있습니다. 동서양을 막론하고 사람들은 끊임없이 영생을 꿈꾸고 이를 실현하기 위해 노력했습니다. 유한한 존재가 영원을 꿈꾸며 살았던 사회가 고대사회입니다.

유럽 사회는 중세로 넘어오면서 '죄와 구원'의 문제에 대해 관심을 갖기 시작했습니다. 중세 신학자들은 우리는 죽을 수밖에 없는 죄인인데 우리를 죄에서 어떻게 구원할지에 대해 고민했습니다. 이 흐름은 중세 이후의 사회에서도 이어집니다. 죄와 구원에 대해 신학적 고민을 한 사람들 중에 '행위구원'을 강조한 가톨릭과 이와는 다르게 '이신칭의'를 주장한 루터와 칼빈, 그리고 종교개혁자들이 있습니다.

합리주의 사회가 되면서 유럽을 중심으로 사람들은 인간이 모든 것을 이성으로 통제할 수 있다고 생각하게 되었습니다. 과학의 발달은 인류를 이상적인 사회로 이끌어줄 것이라 믿었습니다. 그런데 1, 2차 세계대전이 끝나고 인간에 대한 신뢰와 유토피아를 꿈꾸던 현대사회의 신화는 무너졌습니다. 그러면서 사람들은 이상이 아닌 실존에 대해 고민했습니다. 그 이후 등장한 포스트모던 사회로 불리는 21세기에는 논리보다 '존재의 의미'를 중시합니다.

역사적으로 고대인은 불멸을, 중세인은 죄와 구원을, 그리고 21세기 사람들은 존재의 의미를 고민하였습니다. 그러나 역설적이게도 이 세 가지 질문에 대한 하나님의 답은 모두 '예수 그리스도의 복음'입니다. 시대가 흐르고 많은 것이 변해도 각 시대 사람들의 필요를 채울 수 있는 것은 복음이라는 말입니다.

영생을 꿈꾸던 고대인에게 예수그리스도는 영원한 삶의 첫 열매였습니다. 죄와 구원을 고민한 중세인에게도 예수그리스도는 희망이었습니다. 21세기 삶의 의미를 찾는 현대인에게도 역시 예수그리스도께서 궁극적 의미로 다가오셨습니다.

그러므로 청소년지도자는 성경이 말하는 복음에 대해 확신이 있어야 합니다. 시대는 계속해서 변해 왔지만 복음은 그 시대라는 파도를 타고 넘어왔습니다. 복음이 시대를 이긴다는 것입니다. 이것이 바로 신학적 역설입니다.

하나님은 객관적 연구가 아닌 그분과의 관계 속에서만 알 수 있습니다. 흔히 '하나님을 안다'고 표현하지만 잘못하면 오해를 빚을 수 있습니다. 하나님에 대해 모든 것을 탐구할 수 있다고 생각할 수도 있습니다. 일반적으로 정의하는 신학은 종교에 대해 객관적으로 연구하는 학문이라고 주장하기도 합니다. 객관적으로 여러 종교를 연구하는 학문을 종교학이라고 합니다. 그러나 진정한 신학은 하나님과 우리와의 개인적인 '관계' 속에서 연구되어야 합니다. 즉, 하나님은 객관적으로 연구할 수 있는 대상이 아니라 하나님과의 관계 속에서 내가 만난 하나님을 전제로 그분을 알아야 한다는 것입니다.

지금 이 책의 저자가 누구인지를 알고자 한다면 어떻게 하나요? 인터넷 검색을 통해 프로필이나 저서, 강의 자료를 찾아 '마상욱'을 정의하기도 합니다. 그러나 그것이 저를 모두 설명할 수는 없습니다. 저자를 좀 더 알고자 한다면 관계를 통해 만나고 대화하면서 시간과 공간을 함께해야 합니다. 그래야 '마상욱을 어느 정도 안다'고 표현할 수 있습니다.

그렇다면 하나님을 알려면 어떻게 해야 할까요? 하나님에 대해 정의한 내용을 다 암기했다고 해서 하나님을 알 수 있을까요? 하나님에 대한 단편적인 이야기를 안다고 하나님을 알 수 있을까요? 성경을 여러 번 읽었다고 하나님에 대해 알 수 있을까요? 아닙니다. 우리는 하나님과의 관계를 통해서 하나님을 알 수 있습니다. 이것은 체험적 영성이라고 할 수 있습니다. 지도자는 청소년들에게 체험적 영성을 가르쳐야 합니다.

하나님과의 관계 속에서

신학적 역설은 하나님께서 우리보다 먼저 존재하셨다는 것입니다. 또한 하나님께서는 우리에게 생각할 수 있는 능력을 주셨습니다. 예수 그리스도께서 자신을 먼저 알리셨기 때문에 우리가 그분을 알 수 있습니다. 우리가 먼저 하나님을 찾은 적은 없지만 하나님께서는 항상 우리와 함께하셨습니다. 성경에 말씀하신 "그 문을 열고 함께 먹고 마시자"는 것은 우리가 하나님과 관계를 맺어야 한다는 말입니다. 그렇기 때문에 단순히 하나님께 죄를 고백하는 것에서 우리의 신앙이 그치면 부족합니다. 신앙이 회개의 기도를 하고 눈물 흘리면 끝나는 일이 아니라는 것입니다.

수많은 청소년이 수련회를 하면 은혜를 받았다고 하지만 일주일이 지나면, 혹은 한 달이 지나면 원상태로 되돌아갑니다. 우리는 우리가 은혜를 받아도 아무것도 할 수 없음을 고백하고, 하나님 앞에 무릎 꿇고 항복(surrender)해야 합니다. 그래야 예수를 힘입어 말씀에 순종(submission)할 수 있습니다.

우리는 하나님을 학문이나 연구의 대상으로 삼을 수 없다. 우리는 하나님께서 스스로 선택하시고 우리에게 오셨음을 알고 있다. 우리는 하나님이 우리에게 스스로를 알려주심을 통해 그분을 받아들일 수 있음을 알고 있다. 크리스천의 이러한 영성과 경험의 측면은 믿음이 언제나 미스테리임을 의미한다.(요한1서 4:19 참조) _피터 워드, 영국의 청소년지도자

우리는 '계시 의존적인 존재'입니다. 우리가 먼저 하나님을 안 것이

아니라 하나님께서 우리에게 하나님을 알게 하신 것입니다. 하나님이 계시하지 않으셨다면 우리는 하나님을 알 수 없습니다. 하나님께서는 우리에게 계시하시는 것뿐만 아니라 우리를 위해 죽으러 이 땅에 오셨습니다. 우리가 태어나기 전부터 우리를 먼저 사랑하셨습니다.

> "십자가의 도가 멸망하는 자들에게는 미련한 것이요 구원을 받는 우리에게는 하나님의 능력이라"_고린도전서 1:18

십자가의 도는 하나님의 능력입니다. 고린도전서 1장을 계속 읽으면 십자가의 도는 하나님의 지혜라는 것을 알 수 있습니다. '십자가의 도'와 '하나님의 능력', 그리고 '하나님의 지혜'는 마치 동의어처럼 쓰입니다.

우리는 하나님과의 관계를 통해 하나님을 알 수 있습니다. 십자가에 달린 예수님을 통해 하나님의 사랑을 알 수 있습니다. 십자가의 도를 '능력'이라고 하면 흔히 전쟁에서 지휘하고 승리하는 것을 생각합니다. 그러나 십자가의 도는 '사랑'입니다. 이 사랑이 하나님의 능력이며 하나님의 지혜입니다. 바로 이것이 복음의 핵심입니다.

우리는 하나님을 연구하기 전에 예배 안에서 '신학적 사고와 생각'을 할 수 있게 됩니다. 즉 우리 삶의 예배와 교회에서 드리는 예배 속에서 신학적 생각을 하며 하나님과 관계를 맺을 수 있습니다.

요한복음 14장 9절에 따르면, 인간은 하나님의 얼굴을 예수님의 얼굴을 통해 알 수 있습니다. 예수님의 모습을 통해 하나님을 '친밀하신 하나님'으로 느낄 수 있습니다. 그러나 출애굽기 33장 20절에 따르면, 하나님의 얼굴은 아무도 보지 못했습니다. 즉 '알 수 없는 하나님'입니다. 대비되는 이 두 가지 하나님의 얼굴이 이 땅에는 역설이고, 예수를 믿는 우리에게는 복음입니다.

믿음과 이해 또한 상충되어 보입니다. 믿음이 먼저일까요, 아니면 이해가 먼저일까요? 이해를 강조한다면 이성을 중시하는 것이고, 믿는 것을 강조한다면 감성, 영성을 중시하는 것입니다. 그러나 믿음 없이 이해할 수 없으며, 이해 없이 믿을 수 없습니다. 그렇기 때문에 하나님께서는 우리 안에 있는 이성과 감성을 모두 사용하게 하십니다.

존재와 사고 사이에도 역설이 존재합니다. 우리는 사고 이전에 존재합니다. 또한 실존은 논리에 앞섭니다. 논리적으로 설명할 수 없어도 하나님은 존재하십니다. 하나님의 존재를 인정할 때 하나님을 이해할 수 있습니다. 이것이 바로 21세기의 실존주의적 사고입니다. 인간의 사고는 가정이나 전제를 바탕으로 시작하고, 시간과 공간 안에서만 작동합니다. 그런데 실존은 그렇지 않습니다.

"삼위일체 하나님께서 우리를 예수 그리스도를 통한 사랑의 관계로 부르셨다."

우리는 하나님과의 관계를 통해 하나님을 느끼고, 알며, 나눌 수 있습니다. 청소년신학도 하나님과의 관계에서 시작합니다. 신학은 복음을 변호합니다. 신학은 복음의 작은 일부분이며, 복음은 하나님의 거대한 이야기입니다. 그 큰 이야기의 부분들을 설명하는 것이 신학입니다. 우리와 하나님과의 관계의 일부분들을 잘 설명하는 것이 신학입니다. 청소년신학은 하나님과 청소년과의 관계를 설명해줍니다.

03

왜 청소년지도자가 되었나?

'청소년'하면 무엇이 떠오르나요? 혹시 스탠리 홀이 말한 '질풍노도'의 시기를 떠올리나요? 실제로 그렇지 않은 청소년도 있는데 우리는 청소년에 대해 과잉 일반화하는 경향이 있습니다. 전체주의나 일방적인 공교육, 시쳇말로 '답정너(답은 정해져 있으니 너는 대답만 해)'의 메시지를 담은 전제주의가 우리 청소년을 망가뜨리고 있습니다. 답을 빨리 찾는 기계로 만드는 공교육체계만 하더라도 우리 사회는 답을 주는 것에 익숙해 있습니다.

이러한 청소년을 만나려면 지도자는 다음 질문의 답을 스스로에게 해야 합니다.

첫째, 누가 우리를 청소년에게 보냈나? 구약성경에 등장하는 선지자 요나의 이야기에서 알 수 있듯이 우리는 모두 메시지를 전할 대상이 있습니다. 또한 하나님께서 명령하신 복음을 전해야 할 대상이 있습니다. 설령 우리가 선지자 요나처럼 청소년들에게는 설교하고 싶지 않다고 해도 하나님께서는 저와 여러분을 청소년에게 보내셨습니다. 저희 집은 5대째 예수 믿는 가정인데 친지들이 가끔 이런 질문을 합니다.

친척: 도대체 언제 제대로 된 목회를 할래?

나:　지금 청소년들과 함께하는 것이 목회인데요.

친척: 아, 그건 잠시 하는 거고, 언제 진짜 목회를 할 거냐고?

그러나 니느웨든지 다시스든지 자신이 원하는 곳이 아닌 하나님께서 원하는 곳에서 성령의 힘으로 견뎌내는 것이 '하나님의 일'입니다. 하나님께서는 청소년사역자로 부르시고, 제게 이 시대의 갈릴리 사람인 청소년과 함께하라고 말씀하셨습니다. 저는 청소년과 함께하는 것이 목회이며 사역입니다. 하나님께서 우리들을 청소년사역에 보내셨습니다.

둘째, 왜 우리는 청소년을 돌보려고 할까요? 다음세대가 미래의 주역이기에 그런 걸까요? 그렇게 생각하지 않습니다. 다음세대는 현재도 주역이고, 미래에도 주역입니다. 다음세대가 미래의 주역이라고 하는 순간, 지금 이 시대는 기성세대가 주인이고, 다음세대는 주역이 아니라는 말이 됩니다.

우리는 청소년과 동시대를 살아가고 있습니다. 우리 모두 주인입니다. 청소년을 종이 아닌 자녀로 키우는 자세가 필요합니다. 이 질문에 답을 하려면 개인적인 부르심과 이 시대에 하나님께서 하시는 일을 볼 수 있는 눈이 있어야 합니다. 우리가 청소년을 돌보려는 이유는 하나님께서 청소년을 돌보고자 하시기 때문입니다. 하나님의 다음세대를 향한 열정 때문에 우리는 이 사역에 헌신하였습니다.

셋째, 청소년을 어떻게 도와야 할까요? 열정으로? 기도로? 추상적이고 광범위합니다. 다음세대가 스스로 찾지 못하는 것이 있습니다. 결핍과 요구가 있습니다. 이러한 결핍으로 인해 지금 문제가 나타나고 있습니다. 청소년의 필요와 요구를 찾아 돕는 것이 청소년지도자의 역할입니다. 청소년지도자는 그러한 결핍과 수치와 분노와 두려움을 볼 수 있어야 하고, 청소년의 마음속 빈주머니를 채워야 합니다.

넷째, 사람은 무엇으로 성장할까요? 톨스토이는 〈사람은 무엇으로 사는가〉에서 '사람은 걱정으로 성장하는 것이 아니라 사랑으로 성장한다'라고 했습니다. 사랑은 상호적이어서 서로 만나야 하고, 사람은 상호적인 사랑을 통해 성장합니다. 아이들이 언어를 배우는 방식도 마찬가지입니다.

어린아이가 언어를 배우는 과정은 그 언어를 이해하는 부모의 얼굴을 보며 이루어집니다. 자아의 완성 또한 상호적인 사랑을 통해 이루어집니다. 사회가 요구하는 자아가 아닌 자신의 본질적인 자아를 있는 그대로 받아들이고 존중하는 사람을 통해 자아는 완성됩니다. 하나님과 우리와의 관계도 상호적입니다. 삼위일체의 관계도 그렇습니다. 서로 경청하고 존중하며 서로의 안에 거해야 합니다.

다섯째, 우리가 살고 있는 시대를 어떻게 해석해야 할까요? 글을 읽지 못하면 문맹이라고 합니다. 마찬가지로 문화를 해석하지 못하는 것도 문화적 문맹입니다. 반문화적 행위는 문화를 읽지 못해 나온 행동입니다. 교회학교 지도자로서, 청소년지도자로서 청소년신학을 하기 위해 우리는 문화를 읽고 해석하는 법을 배워야 합니다.

실천하는 기술의 조화

교회 공동체, 혹은 현장에서 우리 같은 지도자를 찾습니다. 우리는 하나님의 심장을 가진 목자입니다. 하나님의 심장을 가졌기 때문에 하나님의 시선에서 세상을 바라보고 사람들을 바라봅니다. 또한 우리는 다음세대의 돌봄을 위해 부름을 받았습니다. 이것이 우리의 소명이고 이 소명에 대해 확신해야 합니다. 지도자가 되기 위해 몇몇 필요조건이 있습니다.

"이에 그가 그들을 자기 마음의 완전함으로 기르고 그의 손의 능숙함으로 그들을 지도하였도다." _시편 78:72

"And David shepherded them with integrity of heart; with skillful hands he led them." _NIV 버전

다윗은 백성을 양육할 때 마음의 진정성을 가지고 했습니다. 이것이 지도자의 첫 번째 필요조건입니다. 이는 교사가 먼저 청소년을 사랑하고 그들을 위해 목숨까지 내어줄 수 있어야 한다는 것입니다. 하나님께서 우리에게 주시는 마음입니다.

두 번째 조건은 '손의 능숙함'이 의미하는 기술입니다. 하나님께서는 우리에게 신학적 토양과 전문적 기술을 갖추라고 하십니다. 청소년사역을 하기 위해 상담기법, 청소년 활동, 지도방법, 해석기법 등 청소년을 도와줄 수 있는 전문적인 기술을 알아야 합니다. 이러한 것은 훈련과 연습을 통해 만들 수 있습니다.

우리는 진정성과 능숙함을 함께 갖추어야 합니다. 그런데 안타깝게도 교회학교 지도자들의 많은 경우가 진정성은 있으나 기술이 부족합니다. 현재 교회학교의 구조적 모순은 성경공부를 가르치는 기술과 아이들을 조용하게 만드는 기술만 요구하고 있다는 것입니다. 이는 공교육의 형태와 유사합니다. 청소년들이 교회학교를 힘들어하는 이유입니다.

반면에 일반 상담가, 청소년지도자는 행정시스템, 상담기법 같은 기술을 잘 갖추고 있습니다. 하지만 진정성이 부족해 보입니다. 청소년지도자는 진정성과 기술의 조화를 위해 노력해야 합니다.

우리가 공부할 것은 진정성을 쌓는 방식인 영성이며, 이는 하나님의 관계와 연결되어 있습니다. 또 기술을 배워야 합니다. 이 책뿐만 아니라 다른 책을 읽을 때도 다음세대를 위하여 예배하는 마음으로 읽기 바랍니다. 그렇게 할 때 여러분 안에 세상의 지혜가 쌓일 것입니다.

우리가 교수나 신학자, 문화전문가는 아니라고 하더라도 우리는 신학을 실천하는 교육자입니다. 우리는 교수, 신학자, 문화전문가의 연구에서 원리를 이해하고 현장에 적용하는 사람입니다. 현장에서 청소년지도를 하다 보면 분명 어려움을 만날 것입니다. 우리가 만나는 청소년은 계속해서 변하고 있기 때문에 더욱 접근이 어려워집니다. 더구나 교회학교 교사가 아이들과 함께하는 시간은 예배를 제외하면 일주일에 30분밖에 안될 것입니다. 그 시간마저도 아이들을 진정으로 만난다고 말하기에는 부족합니다. 목회자들도 신학교에서 공부했지만 현장에서 청소년을 지도하는 것은 쉽지 않습니다.

그러나 하나님의 부르심을 받은 우리는 진정성과 기술을 가지고 살아가야 합니다. 물론 처음에는 이러한 기술을 갖추기가 쉽지 않습니다. 그렇기 때문에 우리의 사역에는 하나님의 지혜가 필요합니다. 부지런히 하나님의 말씀에서 진리를 찾고 현장에서 적용하는 청소년지도자가 되어야 합니다.

거룩한 포옹이 이루어질 때

우리는 교회의 청소년지도자로서 다음 주제들을 기억해야 합니다.
첫째는 '사랑'입니다. 아동발달에서 많이 사용되는 '애착'이라는 단어도 결국 사랑에 대한 이야기입니다. 어렸을 때 애착이 잘 형성된 아동은 혼자 있는 시간을 견뎌낼 수 있습니다. 그 사랑의 힘이 내 앞에 없는 부모의 얼굴을 마음속에 떠올릴 수 있도록 힘을 주기 때문입니다. 그와 반대되는 현상이 분리불안입니다. 얼굴을 떠올릴 수 있는 힘이 없다면 잠시 보이지 않는 것에 대해서 참을 수 있는 힘이 부족합니다.

사랑은 분리할 수 있는 힘을 만들어 냅니다. 사랑을 받고 자란 청소년은 부모에게 자연스럽게 경계를 형성하고 분리됩니다. 건강한 부모는 이런 분리를 자연스럽게 받아들입니다. 분리되었다는 것은 시간과 공간을 스스로 관리하고 선택할 수 있다는 의미입니다. 이러한 선택을 할 수 있는 자유가 청소년들에게 주어져야 합니다.

두 번째는 '자유의지'입니다. 하나님께서 왜 에덴동산에서 아담과 하와에게 선택을 하게 하셨을까요? 우리를 너무나 사랑하셨기 때문입니다. 하나님은 우리를 마음대로 조종할 수 있는 로봇으로 만들지 않으셨습니다. 자유의지를 주시고 선택할 권리를 주시고 책임을 지게 하셨습니다. 그런데 에덴동산에서 아담과 하와가 죄를 지음으로 인간은 실패합니다. 그럼에도 불구하고 하나님께서는 자유의지를 빼앗지 않으셨습니다. 이것이 우리가 청소년들에게 자유 즉, 선택과 책임을 주어야 하는 이유입니다.

세 번째는 '속죄'입니다. 실패한 주체는 하나님이 아닌 인간입니다. 속죄는 실패한 인간을 구원하는 방식은 희생양을 속죄물로 드리는 것이었습니다. 사랑과 자유의지, 그리고 속죄물을 통해서 우리를 하나님의 나라로 이끄셨습니다. 그리고 하나님께서는 친히 속죄물이 되셨습니다. 십자가 사건이 바로 하나님의 아들 예수 그리스도가 속죄물이 된 사건입니다.

네 번째는 '구원'입니다. 누구나 죽음을 기억할 때 삶이 진지해지고 숙연해집니다. 죽음은 혼자서 거쳐야 할 극한 외로움입니다. 하나님 앞에 서는 것은 우리를 두렵고 떨리게 합니다. 하나님의 생명책에는 우리의 모든 것이 기록되어 있습니다. 하나님과의 만남에서 우리를 "죄가 없다"고 하시는 것은 우리를 대신해서 우리의 죄를 담당(대속)하신 예수를 믿는 믿음때문입니다. 이것이 하나님께서 인간에게 주신 구원의 방식입니다. 사랑, 자유의지, 속죄 그리고 구속으로 이루어진 이야기가 바로 하나님의 위대한 복음의 이야기입니다.

이 네 이야기의 중심에는 사랑이 있습니다. 청소년들은 진정한 사랑에 목말라하고 있습니다. 안타깝게도 많은 교회에서 그런 사랑의 관계가 사라지고 있습니다. 교회의 어른들이 사랑을 표현하더라도 그 사랑은 청소년들이 생각하는 사랑의 형태로 표현되지 않습니다. 그래서 청소년들은 교회에 사랑이 없다고 생각하고 떠나고 있습니다. 교회의 근본은 율법이 아닌 사랑입니다. 사랑하기 때문에 자유를 주셨습니다. 불안해도 청소년들 안에 계신 하나님께서 역사하실 것을 믿으며 응원

해야 합니다.

최후의 만찬은 초대받은 사람들이 주인의 살과 피를 나누는 파티였습니다. 함께 먹고 마시고 나누는 파티였습니다. 이처럼 청소년들과 먹을 것을 나누고, 이야기를 하며, 그들의 손을 잡고, 거룩한 포옹을 할 때, 그들은 사랑을 느낄 것입니다. 청소년들에게 그리스도의 복음을 들려줄 때에는 부분이 아닌 복음의 시작부터 끝까지 들려주는 것이 중요합니다. 예수님께서 죽으셨고, 살아나셨고, 다시 오시리라는 사랑의 드라마를 모두 들려주어야 합니다.

"그 뜻이 하늘에서 이루어진 것처럼 이 땅에서도 이루어지기를."

우리는 청소년을 믿지 않습니다

대학생이 된 자녀 둘, 초등학교를 막 졸업한 한 자녀가 있습니다. 우리 부부는 아이들을 홈스쿨로 키웠습니다. 초등학교 과정은 공교육에서 이루어지고, 중학교 과정부터 홈스쿨을 시작하였습니다.

처음에는 믿음과 용기로 홈스쿨을 시작했습니다. 첫째 딸아이에 이어 둘째 남자아이를 홈스쿨로 키우면서 믿음은 불안으로 용기는 두려움으로 변하고 있었습니다.

"우리가 잘 하고 있는 것일까?"

"이렇게 해서 아이들이 잘 자랄 수 있을까?"

특히 둘째 아이가 집에서 12시간씩 잠을 자고 자신만의 특이한 놀이를 하면서 시간을 보낼 때는 마음이 힘들었습니다. 머리는 장발이고, 씻지 않고 돌아다니는 아들의 모습은 저와 아내를 괴롭게 했습니다. 아들이 친구가 없어 외톨이가 되는 것만 같았습니다. 자녀를 홈스쿨로 키우면서 기도하지 않을 수 없는 시간의 연속이었습니다. 그때마다 아내와 함께 했던 짧은 문장이 있었습니다.

"괜찮아. 하나님께서 하실 거야"

어떻게 보면 무책임할 수도 있는 말이지만 그 당시 우리가 할 수 있는 최선은 하나님께 맡기는 것이었습니다. 시간이 지나서 자녀들은 여러 우여곡절 끝에 하나님의 은혜로 대학에 진학하였습니다. 그리고 자신의 삶에 만족하며 열정적으로 살아갑니다. 첫째와 둘째 아

이가 우리에게 한 말이 있습니다.

"아빠 엄마가 우리에게 해준 가장 좋은 일이 무엇인 줄 아세요? 그건 우리를 놓아준 거예요."

그렇습니다. 우리 부부가 했던 가장 큰일은 아이들을 기다리는 일이었습니다. 그렇게 기다릴 수 있는 힘은 믿음이었습니다. 저희 아이들을 믿은 것이 아닙니다. 우리 아이들 안에 있는 하나님께서 하실 일을 믿었습니다. 그 믿음으로 기다렸습니다. 마치 하나님 아버지께서 자녀인 우리를 기다리시는 것처럼 말입니다.

우리가 자녀를 키우면서, 혹은 청소년을 지도하면서 왜 불안해할까요? 그들 안에 있는 하나님을 발견하지 못하기 때문입니다. 우리는 다음세대를 기다려주어야 합니다. 그들이 만날 하나님을 기대하고 기도하며 기다릴 때, 하나님께서 그들의 삶 속에서 직접 일하십니다. 청소년지도자로서 우리는 청소년을 믿는 것이 아니라 그들 안에 함께하시는 하나님을 믿는 것입니다. 믿음이 있으니 기다려줄 수 있고 그러한 과정을 통해서 청소년들은 성장합니다.

이제 셋째 아이가 초등학교를 졸업하고 나서 또 홈스쿨을 하겠다고 학교를 그만두었습니다. 이제 세 번째 성장여행을 시작합니다. 첫째와 둘째를 키우셨던 하나님께서 막내도 은혜로 키우실 줄 믿습니다. 제가 할 수 있는 최선의 일은 그 하나님을 믿는 것입니다.

청소년지도자가

해석해야 할 3가지

04

성경해석

청소년지도자로서 우리가 해석해야 하는 세 가지(성경, 문화, 자아)가 있습니다. 책을 읽고 이해하려면 독해력이 필요합니다. 마찬가지로 문화, 성경, 그리고 사람을 이해하려면 이들을 읽어내는 능력이 필요합니다. 성경해석의 원리는 문화해석과 인간의 자아해석에 응용됩니다. 먼저 이 세 가지 중 말씀(word)을 해석하는 것에 대해 나누겠습니다.

우리는 지도자로서 하나님께서 주신 성경을 어떻게 읽고 해석할 것인지 고민해야 합니다. 몇몇 사람들은 이렇게 말합니다.

"성경해석이 왜 필요한가요? 그냥 읽고 말씀대로 살면 되지요."

이 경우 대부분 실천을 강조하는 분들입니다. 어떤 분은 성경해석이 목사님들과 신학자들 사이에 갈등을 빚는다고 비판합니다. 성령께서 역사하시기 때문에 지적으로 해석하는 방식은 필요하지 않다고 주장하기도 합니다. 물론 성령께서 직접 역사하셔서 우리가 성경을 해석하도록 돕기도 하십니다. 하지만 하나님께서는 우리에게 해석할 수 있는 지적 능력을 허락하셨습니다. 이를 잘 활용하는 것도 우리의 책임입니다.

영원한 타당성과 역사적 특수성: 성경해석의 원리

성경을 해석하려면 먼저 주해(exegesis)를 해야 합니다. 주해는 성경을 읽는 데 꼭 필요합니다. 주해는 본래의 의미를 찾기 위해 신중하고 조직적으로 성경을 연구하는 것을 말하는데, 대부분 신학을 배우면 성경을 연구할 수 있다고 봅니다. 물론 신학을 통해 성경을 연구할 수 있습니다.

그러나 일반적으로 신학교에서는 성경을 배우는 것이 아니라 성경에 대하여 학습을 합니다. 특별히 교단 내의 신학교에서는 자신이 속한 교단의 신학적 주장을 배우게 됩니다.

우리가 배워야 할 성경적 해석은 특정 교단이 말하는 신학적 주장이 아닙니다. 성경에 등장하는 이야기는 하나의 관점만을 취해 어떤 것이 옳다고 주장하기보다 다양한 관점으로 세상을 바라보게 하기 때문입니다.

먼저 성경적 주해를 하기 위해서는 원저자와 내용, 원독자를 알아야 합니다. 예를 들어 〈모세오경〉을 쓴 사람은 모세입니다. 모세는 이스라엘 백성을 대상으로 모세오경을 썼습니다. 그럼 모세는 왜 이런 글을 썼을까요? 언제 이 글을 썼을까요? 이스라엘 백성이 이집트의 생활을 하며 잊어버린 하나님과의 관계를 기억하게 하기 위해서 출애굽 후에 쓰여졌습니다.

그러나 무려 3천 년 전에 쓰인 이 말씀을 21세기에 그대로 적용하기에는 무리가 있습니다. 따라서 우리는 성경을 주해하며 먼저 성경말씀의 본래 의도를 밝혀야 합니다.

원저자와 내용, 원독자를 고려하지 않고 우리 상황에 맞춘다면 원문이 왜곡됩니다. 예를 들어 "내게 능력주시는 자 안에서 내가 모든 것을 할 수 있느니라"(빌립보서 4:13)라는 성경말씀을 수험생에게는 '좋은 성적'을, 사업가에게는 '물질적 성공'의 의미로 사용합니다. 정말 이 말씀이 좋은 성적과 물질적 성공을 의미하나요?

원저자는 그런 의도로 이 말씀을 쓴 것이 아닙니다. 이 말씀은 우리가 풍부하든지 비천하든지 하나님 안에서 모든 것을 할 수 있다는 것을 의미합니다. 이처럼 주해를 위해서는 앞뒤 문맥을 잘 살펴야 합니다. 이처럼 독자 자신의 환경과 경험만 가지고 말씀을 읽는다면 큰 오류를 범하게 됩니다.

이단도 비슷한 방식으로 성경을 왜곡해서 해석합니다. 맥락을 생각하지 않고 성경에서 몇몇 구절만 따와서 자신들의 주장에 끼워 맞추고 있습니다. 물론 역사적, 혹은 문맥적 지식을 몰라 자신도 모르게 성경을 잘못 해석하는 경우도 있습니다. 이러한 경우 다른 사람들의 충고를 듣고 연구 끝에 잘못을 바로잡는다면 문제가 없습니다. 그러나 악의로 자신의 이익을 위해 성경을 주해하고 끝까지 왜곡된 주장을 펼친다면 이는 심각한 오류를 범하는 것입니다. 우리는 그런 사람들을 '이단'이라고 합니다.

그릇된 해석에 대한 해독제는 해석을 하지 않는 것이 아니라, 보편적인 지침에 근거한 건전한 해석입니다. 즉 신학적이고 역사적인 배경과 직관, 지식을 통해 해석해야 합니다. 이 모든 것을 포기하고 해석하지 않는다면 자의적인 해석에 빠지게 됩니다.

성경은 하나님의 말씀이기 때문에 영원불변합니다. '영원한 타당성'이라는 특징을 지닙니다. 동시에 '역사적 특수성'도 지닙니다. 당시 상황에 따라 쓴 글이라는 것입니다. 이 두 모순되는 개념 때문에 성경 주해를 두고 갈등이 일어나기도 하지만 어느 한쪽만 고집하고 두 관점을 모두 바라보지 않는다면 해석의 오류를 범합니다.

예를 들어 어떤 이들은 신명기 22장 5절을 근거로 '여성이 남자의 옷을 입으면 안 된다'고 주장합니다. 이는 과거 방식을 문자 그대로 적용하는 근본주의적인 해석입니다. 그렇다면 이를 주장하는 이들은 왜 지금은 모든 지붕 둘레에 난간을 만들라(신명기22:8)는 말씀과 포도원에 두 종자를 뿌리지 말라(신명기 21:9)는 구약의 말씀은 따르지 않을까요? 이러한 해석의 오류는 역사적 특수성을 무시하고 영원한 타당성만 바라보았기에 생긴 오류입니다.

이러한 사고방식은 위험합니다. '한 손에는 코란을, 한 손에는 칼을' 같은 정신을 문자 그대로 실행하여 온갖 테러로 협박하는 IS 같은 단체가 갖는 사고방식입니다. 마찬가지로 성경에서 배운 방식을 모두 문자 그대로 적용하기에 무리가 따릅니다. 현재 독자를 위해 성경을 해석하고 적용하기 위해서는 사회의 변화를 잘 알아야 합니다.

성경 기록은 인간 역사의 특정한 상황과 사건을 사용합니다. 하나님께서는 인간의 모든 소통방식을 사용하셨습니다. 이야기를 사용하시고 역사, 족보, 수수께끼, 극, 시도 사용하셨습니다. 하나님의 말씀은 당시 사람들의 사고방식과 어휘로 표현되었고, 그 시대의 문화와 상황의 제약을 받았습니다. 그때 그곳에서 말씀하신 하나님과 지금 여기에서 말씀하신 하나님을 모두 보아야 합니다. 과거의 원리를 가지고 시대를 뛰어넘어 현대 사회에서도 해석할 수 있어야 합니다.

성경을 삶에 적용하려면

성경을 해석하는 과정에 일반적 해석의 원리를 적용할 수 있습니다. 일반적 해석의 원리는 크게 세 단계로 구성됩니다.

첫 번째는 '무엇을 말하는가?'입니다. 일반적으로 독서를 하거나 논술을 할 때도 저자가 말하는 주제와 이슈를 찾습니다. 마찬가지로 성경을 해석할 때도 저자가 말하고 싶은 주제를 생각해야 합니다.

두 번째는 '어떤 의미인가?'입니다. 주어진 문장의 역사적, 사회적인 뜻을 정확히 밝혀야 합니다. 예를 들어 "지금은 거울을 보는 것과 같이 희미하나"(고전 13:12)라고 한다면 거울은 어떤 의미를 가지고 있을까요? 당시 거울은 청동거울이어서 희미하게 보일 수밖에 없습니다. 거울을 지금의 의미로 해석한다면 문제를 일으킬 수 있습니다. 원독자가 의도한 정확한 의미를 알기 위해서는 글이 쓰일 당시의 역사적, 문화적 맥락을 고려해야 합니다.

세 번째 단계는 어떻게 적용할까? 입니다. 우리들 삶의 현장인 학교, 교회, 혹은 직장에서 어떻게 적용할지를 생각해야 합니다. 이때 앞서 언급한 성경의 특징인 영원한 타당성과 역사적 특수성을 고려해야 합니다.

위와 같은 일반적 해석의 원리를 성경 속 요셉 이야기에 적용하는 연습을 해보겠습니다. 요셉 이야기의 큰 줄기는 다음과 같습니다.

- 요셉은 가족 안에 여러 문제가 있었다.
- 요셉은 형제에게 미움을 받았고, 인신매매를 당했다.
- 요셉은 보디발의 집에서 일하게 되었다.
- 요셉은 성적인 유혹을 받았다.
- 요셉은 유죄를 선고받고 감옥에 갇혔다.
- 요셉은 감옥에서 인정을 받았으며 술 맡은 관원과 떡 맡은 관원

의 꿈을 해석했다.

- 요셉은 바로왕의 꿈을 해석했다.
- 요셉은 이집트와 그의 집의 지도자가 되었다.

이러한 이야기의 흐름을 바탕으로 그 의미를 분석하면 다음 같은 질문을 하게 됩니다. 요셉 이야기가 전하는 의미를 생각하는 시간을 갖기 바랍니다.

- 요셉의 꿈은 어디에서 왔나요? 대개 요셉과 같은 꿈을 꾸면 '개꿈'이라고 하고, 프로이트는 '무의식의 발로'라고 했습니다. 그러나 성경에서 꿈은 하나님의 말씀이기도 해서 우리는 요셉의 꿈을 무시할 수 없습니다. 여러분이 요셉과 같은 꿈을 꾸었다면 그것이 어디서 왔다고 믿나요?

- 요셉은 그 꿈을 형제들과 나누어야 했을까요? 여러분은 어떻게 하시겠습니까? 부모님과 형들에게 말하면 분명히 미움을 받을 텐데 그꿈을 말해야만 했을까요? 요셉은 눈치가 없는 아이였을까요? 아니면 하나님께서 말씀하신 것을 입 다물고 있을 수는 없었던 걸까요?

- 형들 앞에서 색이 있는 옷을 입어야 했을까요? 요셉의 형들은 노동을 했기 때문에 막옷을 입었습니다. 그런데 요셉은 요즘 시대의 정장인 색동옷을 입었습니다. 요셉이 왜 굳이 미움 받을 행동을 했을까요? 아버지 야곱은 자녀를 이렇게 양육한 이유가 무엇인가요?

- 요셉은 형들의 잘못을 보고해야만 했나요? 요셉은 형들이 일을

하지 않고 농땡이를 피우면 아버지에게 보고했습니다. 형제를 위해 거짓말을 할 수는 없었을까요? 왜 아버지 야곱에게 형들의 잘못을 말해야만 했을까요? 가정의 평화를 위해서 입을 다물고 있을 수는 없었을까요?

• 형들의 폭력과 자신을 노예로 팔아버린 것에 어떻게 대응해야 했나요? 엄밀히 말하면 가족 내 폭력입니다. 그것도 잠시 가두는 정도가 아닌 인신매매를 당했습니다. 요셉은 자신에게 가해진 폭력과 불법적인 인신매매에 대해 어떻게 대응했을까요?

• 하나님께서 요셉을 구원하시는 과정에 성적 유혹도 있었습니다. 요셉의 성(性)을 해석하면, 요셉은 노예였지만 성적으로 문란하지 않은 젊은이었습니다. 당시 이집트 문화를 살펴보면 보디발의 아내의 의복도 거의 반나체 수준이었을 것입니다.

요셉은 분명 일종의 보상으로 생각하고 보디발의 아내와 관계를 가질 수 있었지만, 자신의 욕구를 누르고 이 유혹을 물리쳤습니다. 어떻게 요셉은 욕구를 절제할 수 있었을까요? 성경은 왜 이런 이야기를 보여주는 것일까요? 요셉은 금욕주의자였을까요? 아니면 무엇이 요셉을 유혹에서 이길 수 있도록 만들었나요?

• 이집트 감옥에 있는 동안, 그가 차가운 바닥에서 잠을 자려고 할 때 어떤 기도를 했을까요? 우리 청소년들이 이런 경험을 겪는다면 어떤 기도를 할까요? 이처럼 적용의 질문을 청소년과 함께 나누시길 바

랍니다. 놀라운 대답이 나올 것이라고 기대합니다. 단순히 사실적인 지식만 전달하기보다 그 사실의 적용을 통해 질문함으로써 청소년들이 자신의 생각을 말할 수 있도록 해야 합니다.

• 요셉에게 침묵하신 하나님을 우리는 어떻게 해석해야 할까요? 요셉의 기도를 듣지 않으신 것처럼 보이는 하나님을 어떻게 보아야 할까요? 요셉도 분명 형들에게 폭력을 당하고, 노예로 팔려가고, 보디발의 아내에게 유혹을 당했을 때, 또 감옥에 들어갔을 때 기도했을 것입니다. 그런데 왜 하나님께서는 침묵하셨을까요? 이런 하나님을 우리는 어떻게 해석해야 할까요? 왜 성경은 이런 이야기를 자세히 기록한 것일까요?

이러한 질문을 통해 요셉 이야기가 전하고자 하는 의미를 생각했다면 이제 적용할 시간입니다. 청소년과 함께 다음 질문을 생각하기 바랍니다.

• 요셉의 상황은 우리 시대의 상황이나 역사적 사건들과 어떤 공통점을 갖고 있나요?

• 요셉 이야기는 창세기 내용과 어떻게 연결할 수 있나요?

• 왜 요셉 이야기가 성경에 기록되어 있을까요?

• 이스라엘 사람들은, 혹은 무슬림은 요셉 이야기를 어떻게 적용했을까요?

• 오늘날 교회는 어떻게 요셉의 승리를 축하할 수 있을까요?

우리는 성경에 기록된 이야기를 통해 청소년과 끊임없이 이야기함으로써 삶에 적용하는 방법을 모색해야 합니다. 답정너(답은 정해져 있느니 너는 대답만 해) 식으로 성경을 해석하면 안 됩니다. 물론 주해할 때는 주석의 도움을 받아야 합니다. 그러나 우리의 삶에 적용할 때는 한 단계를 뛰어넘어 묵상하면서 하나님께서 우리에게 주신 생각을 창의적으로 발휘해야 합니다.

05

문화해석

문화 텍스트가 의미 있는 환경을 만들어 내고 인간이 물리적으로, 또 상상력을 동원해 그 환경 안에 거주하고 생활한다는 의미에서, 문화도 일종의 '세계'이다. _케빈 벤 후저

우리는 문화를 구성하며 그 문화 안에서 살아가는 존재입니다. 우리가 삶을 경험하는 방식은 모두 축적되어 삶의 세계를 형성합니다. 이는 패션, 건축, 문학 같은 문화를 통해 표현됩니다. 즉, 인간이 살고 있는 모든 방식을 문화라고 할 수 있습니다. 이와 같은 문화의 기능을 케빈 벤 후저는 네 가지로 분류하고 있습니다.

첫 번째 기능은 '의사전달'입니다. 문화는 메시지를 갖습니다. 그 메시지는 매체 속에 숨어 있습니다. 우리가 입는 옷, 머리 스타일 모두 매

체입니다. 이 매체가 우리의 메시지가 되는 것입니다. 크리스천도 크리스천만의 고유한 문화가 있습니다. 저도 신학이 아닌 일반 강의를 하다 보면 종교적 언급을 하지 않았는데 가끔 사람들이 '교회에 다니냐?'고 물어봅니다. 내용 외에 말하는 스타일이나 입는 옷 등 매체가 의사를 전달하기도 합니다.

두 번째 기능은 '방향설정'입니다. 의사전달을 통해 문화는 방향을 설정하고 에너지를 만듭니다. 방향이 없는 메시지는 그 속에 있는 에너지를 무의미하게 합니다. 문화는 일상생활을 해석하기 위한 틀을 제공하는 과정에서 우리로 하여금 '심상지도(Mentalmap)'를 그리게 하고, 이때 심상지도는 가치를 나타내는 마음의 방향입니다. 가치는 우리에게 방향을 지시합니다. 예를 들어 우리의 심상지도에 물질 중심의 가치가 있다면 우리는 물질 지향적인 행동을 하는 것입니다.

세 번째 기능은 '재생산'입니다. 문화는 재화가 아닌 삶을 재생산하는 영역입니다. 문화는 신념, 가치, 관념, 유행, 관습 등을 한 사회에서 다른 사회로 퍼뜨립니다. 정치도 재생산의 수단이고, 학교 또한 재생산의 수단입니다.

요즘은 개인주의 문화가 만연해 있는데, 이러한 문화를 통해 학문도, 정치도 계속해서 재생산을 합니다. 문화가 스스로 영속하는 비제도적 수단은 기계장치와 '문화유전자(meme)'입니다. 이때 기계장치란 매스미디어를 말하고, 문화유전자는 다른 문화유전자를 재생산하는 역할을 합니다. 예를 들어 기계장치인 방송매체는 장소와 시간을 막론하고 고대 그리스부터 현대 중국에 이르기까지 다양한 문화 텍스트를 접하게 합니다. 문화유전자는 패션, 유행, 대중가요, 종교, 신념 등을 전파하고 재생산합니다.

네 번째 기능은 '정신창조'입니다. 문화는 인격특성을 양성하고 그러한 과정에서 우리의 정신을 창조합니다. 그래서 우리가 모르는 사이에 우리의 생각이 만들어집니다.

우리 아이들에게 계속해서 매스미디어를 경험하게 할 경우 아이들의 생각은 매스미디어에 의해 만들어지게 될 것입니다. 이것은 마치 농사를 지을 때 토지와 환경이 농산물의 특성을 만들어 내듯, 문화가 환경이 되어 특성을 만들어 내는 것입니다.

문화해석의 이유

그리스도인이 문화를 해석해야 하는 이유는 크게 세 가지입니다.

첫째, 문화가 우리의 정신을 창조하고 있음을 아는 데 도움이 됩니다. 소비 문명이 도래한 21세기에 소비자로 훈련받은 청소년은 학교에서는 교육소비자로, 교회에서는 종교소비자로, 미디어를 즐기는 문화소비자로 살아갑니다. 이것이 21세기 우리 문화의 문법입니다. 우리의 문화가 우리의 정신을 자녀가 아닌 소비자로 만들어 버린 것입니다. (이 부분은 PART 7에서 더 깊이 다루고자 합니다.) 우리는 끊임없는 해석을 통해 이를 인지해야 합니다.

둘째, 그리스도인의 삶이 성경과 조화를 이루는지 확신하기 위해 필요합니다. 글을 읽으려면 문법을 알아야 합니다. 마찬가지로 문화를 알려면 문화적 문법을 알아야 하는데, 그 능력을 문화적 독해력이라고 합니다. 청소년의 문화에 대한 독해력이 없다면 청소년을 이해할 수 없습니다.

셋째, 구원의 이야기 중에 우리의 자리를 인식하기 위해서 필요합니다. 공간적으로 세계가 우리의 무대라면, 문화는 우리의 다음 장면의 변화된 역할을 알려줍니다. 즉, 세상이라는 무대에서 살면서 연극 장면이 바뀔 때마다 등장인물이 바뀌듯, 문화는 그 장면이 변화되면서 우리 역할의 변화를 요구합니다.

문화는 기호(sign)를 통해 나타나는데, 기호는 기표와 기의(signifier and signified)로 구성됩니다. 기표는 사물을 나타내는 언어적 표현이고, 기의는 그 사물이 가진 의미입니다. 예를 들어 한국어의 '십자가'를 영어로 'cross'라고 부르는 것은 기표가 다르기 때문입니다.

이렇게 다른 기표는 하나의 의미를 갖습니다. 바로 십자가의 의미입니다. 이 기표와 기의를 합한 것이 바로 기호입니다. 그런데 같은 기호라도 의미가 다를 수 있습니다. 가수 마돈나가 착용한 십자가와 테레사 수녀가 착용한 십자가는 다릅니다. 십자가는 단순히 자신을 표현하는 수단으로 사용되기도 하고, 종교적인 의미로도 사용됩니다.

기표와 기의를 구분하지 못하면 이분법적인 해석을 하게 됩니다. 과거 기독교 문화연구는 '대중문화'와 '교회'를 이원론적으로 해석했습니다. 이는 아주 위험한 해석이 될 수 있습니다. 우리의 주관적인 판단으로 '드럼이라는 악기는 사탄의 것'이라고 말하는 것은 위험한 발상입니다. 이원론적인 문화운동은 '세상문화'는 사탄의 것이며 '교회문화'는 하나님의 것이라고 주장하며 두 문화를 갈라놓았습니다.

이런 운동은 문화의 해석에 접근했다는 점에서 의미가 있습니다. 이러한 해석은 기표가 기의를 의미한다고 생각하는 오류를 범했으며, 기의를 찾는 데 실패했습니다. 즉 기호학의 기본인 기표와 기의를 혼동해서 생긴 문제입니다. 안타깝게도 80~90년대는 이러한 혼동을 바로잡을 사람이 없었습니다.

우리의 책임은 청소년이 무엇을 읽거나 보지 말아야 하는 옳고 그름의 엄격한 선을 긋는 것이 아니다. 이러한 노력은 거의 효과가 없다. 청소년들과의 열린 대화(토론)가 훨씬 유익하다. _딘 보그먼

청소년지도자로서 문화를 바라볼 때 선악의 관점이 아니라 도움이 되는지 폐해가 되는지를 보아야 합니다. 예를 들어 음악도 손익의 관점으로 봐야 합니다. 어떤 음악이 청소년들에게 도움이 된다면 추구해야 하지만, 해가 된다면 지양하는 것이 옳습니다. 물론 어른으로서 지도자

가 생각하는 답이 있을 수 있습니다. 그러나 우리의 생각도 하나님의 뜻이 아닐 수 있습니다. 그러므로 우리는 청소년들과 열린 마음으로 문화에 대해 대화해야 합니다.

청소년지도자로서 우리는 문화가 생긴 원인을 분석하고 해석해야 합니다. 이러한 힘이 없다면 성경주해에서 언급한 '영원한 타당성'만을 바탕으로 청소년 문화를 비난하며 문화와 담을 쌓을 수 있습니다.

하나님의 메시지는 어디나 있습니다

청소년지도자로서 문화해석의 균형잡힌 가이드라인이 필요합니다. 각 질문을 통해 지도자로서 어떻게 문화를 주해해야 할지 생각해야 합니다.

• 하나님께서 인간문화를 창조하셨다는 것을 이해하나요? 경제, 정치 같은 모든 문화를 하나님께서 창조하셨다는 것을 믿고 이해하십니까? 큰 틀에서 어떠한 문화도 창조주 하나님의 손길이 닿지 않는 곳은 없습니다. 물론 인간의 죄성으로 문화를 왜곡하기도 하지만 문화 자체는 하나님의 작품입니다.

• 교회와 문화, 거룩함과 세속적인 것의 긴장을 어떻게 이해하나요? 또한 어떻게 이 긴장을 해소해야 할까요? 교회와 문화의 관계를 이해하는 정도가 사역의 형태를 만들어 냅니다. 율법주의와 이원론적으로 해석하거나 세속주의적인 시각으로 교회를 교회되지 못하게 할 가

능성도 있습니다. 지도자로서 건강한 시각을 가지고 있는지를 살펴야 합니다.

· 인간이 타락했음에도 불구하고 인간이 타락한 것으로 인해 하나님께서 만드신 아름다움과 진리와 선이 없어지지 않는다는 것을 알고 있나요? 인간이 죄를 지었기 때문에 인간의 모든 행동은 악하다며 수치심을 주는 교육은 나쁜 교육입니다. 인간이 죄를 지었어도 하나님은 우리를 사랑하시고, 우리 속에는 하나님의 형상이 남아있습니다.

· 문화가 타락되었고 그리스도로 인해 구속되어야 한다는 것을 이해하나요? 우리는 주기도문의 내용처럼 "그 뜻이 하늘에서 이루어진 것처럼 이 땅에서도 이루어지기를" 기도합니다. 이 땅에 선이 하나도 없으며 우리가 아무것도 할 수 없다는 생각은 잘못된 것입니다.

· 우리 사회와 대중문화의 의미와 본성을 어떻게 연구해야 하나요?(가족, TV, 학교, 또래, 스포츠, 음악, 영화, 잡지, 광고, 종교, 인터넷, 게임의 영향) 문화는 하나님께서 창조하셨고, 하나님을 바라볼 수 있는 힘을 가지고 있습니다. 그 문화가 어떻게 타락했는지, 또 그 문화를 어떻게 이용해야 할지 연구해야 합니다. 예를들어 게임이라고 무조건 안 된다고 할 것이 아니라 성경적 주해와 적용의 연구를 통해 게임문화를 청소년들과 함께 해석해야 합니다.

· 시스템이나 특정 매체에 포함된 특정한 문화적 산물에 대해서 어떻게 다루어야 할까요?(정치, 경제, 사회 시스템, 미디어의 영향) 크리스천은

세상에 속해 있고 세상과 관련이 있습니다. 그렇기 때문에 사회의 방식 또한 해석하고 연구해야 합니다.

• 특정한 상징과 패션, 음악 등은 청년과 부모, 그리고 청소년지도자에게 어떻게 해석되나요? 청소년들이 옷을 어떻게 입는지, 어떤 음악을 듣는지 관찰하며 해석해야 합니다. 그들이 왜 그러한 문화를 만들며, 그 문화에 어떠한 메시지가 있는가를 찾아야 합니다.

• 이 메시지의 영향은 무엇일까요? 매체가 메시지라고 합니다. 이 매체의 영향이 무엇인지를 생각해야 합니다. 사이버 공간에서 소통하는 사람들은 그 의식구조마저 변화됩니다.

• 이 메시지는 문화에 전반적으로 어떻게 영향을 주나요? 21세기의 가장 큰 메시지는 'One for all(한 사람이 모두를 위하여 존재)'이 아닌 'All for one(모두가 한 사람을 위해 존재)'입니다. 21세기가 다양성을 인정하는 사회이기 때문입니다. 이런 메시지는 개성과 개인의 인권을 인정하는 등의 방향으로 문화에 영향을 미치고 있습니다.

• 나아가 이런 미디어와 시스템을 받아들이고 평가하는데 더 나은 방식은 무엇일까요? 문화를 평가하는 데 극보수, 보수, 진보, 극진보 등 여러 위치가 존재합니다. 이 중에 내가 속한 위치를 찾는 것이 중요합니다. 그렇지 않으면 매번 말을 바꾸고 흔들릴 것입니다. 보수와 진보 또는 좌파와 우파는 어느 시대나 존재하였습니다. 가장 위험한 것은 극보수와 극진보 진영에 서 있는 소수의 사람들이었습니다.

• 영화나 광고의 이야기와 하나님의 이야기를 어떻게 연결할까요? 어떤 영화는 단락 속에서 하나님의 메시지를 찾을 수 있습니다. 광고 역시 마찬가지입니다. 그 속에서 하나님의 속성과 메시지를 찾아낼 수 있습니다.

06

자아해석

지도자로서 우리가 해석해야 하는 것은 자아(self)입니다. 여기서 자아는 청소년과 청소년지도자로서의 '나'를 의미합니다. 자신이 왜 이런 생각을 하고 경험을 하는지를 해석해야 합니다. 자아해석이 되지 않은 상태에서 청소년지도자가 된다면 껍데기만 배울 가능성이 큽니다. 우리가 지식 전달자로 설 수 있다는 말입니다.

우리는 하나님의 지혜를 전달하는 도구입니다. 그래서 도구인 자기 자신을 잘 알아야 합니다. 날카로운 자아 인식이 없다면 다른 사람에게 받은 영향을 인식하는데 실패합니다. 나에 대한 인식이 없다면 내가 어떻게 만들어졌는지를 알지 못합니다.

하나님께서 우리를 과거와 현재, 미래라는 시간 속의 존재로 만드셨습니다. 그런데 과거의 어떤 사건으로 트라우마가 있다면 그 사건으로 인해 과거가 현재를 붙잡고 있습니다. 현재 어떤 사건을 마주치면 자신의 트라우마를 만든 과거 사건으로 다시 되돌아가는 것입니다. 불안한 자아를 가진 사람들에게 미래는 두려움으로, 과거는 상처로 다가옵니다. 그래서 불안한 자아를 가진 사람은 미래로 한걸음도 나아가지 못하고 정체되어 있습니다.

그리스도로 채워지지 않았다면

미래로 나아가기 위해 상처받은 과거를 재해석해야 합니다. 현재를 건강하게 살기 위해서는 과거를 건강하게 해석해야 합니다. 성경에 나오는 요셉은 형들에게 폭력을 당하고, 노예로 팔려가고, 감옥에 갇혔던 상처받은 과거를 경험했습니다. 그러나 요셉은 하나님께서 가족(이스라엘)의 생명을 구원하시려고 자신을 먼저 이집트에 보내셨다고 자신의 과거를 재해석했습니다. 마찬가지로 우리도 자신의 과거를 재해석할 때 우리의 발목을 붙잡았던 과거에서 풀려날 수 있게 됩니다.

자신의 시계가 고장 나 있으면 온전한 자아해석을 하지 못합니다. 자아해석을 제대로 하지 못하면 우리의 사역과 청소년들을 해석하는 데 문제를 겪습니다. 또 아무리 기능적으로 탁월할지라도 고장 난 시계 탓에 영혼이 그리스도로 채워지지 않았다면 다른 것으로 빈 속을 채우기 위해 중독에 빠질 위험도 있습니다.

청소년지도자는 직관적으로 자신의 결핍을 압니다. 그래서 자신과 같은 경험을 하고 있는 청소년들을 도우려고 합니다. 그러나 자신의 과거가 성령의 힘으로 재해석되지 않고 미래에 대한 두려움에 떨고 있다면 자신의 부족함을 그리스도가 아닌 다른 것으로 채우려고 합니다.

여러분은 무엇으로 자아가 채워져 있습니까? 우리 안에 있는 거짓 자아, 분노, 두려움, 과도한 슬픔, 수치심이 비워지지 않는다면 하나님으로 채울 수 없습니다. 이러한 문제의 원인으로 만들어진 거짓말, 폭력, 중독, 우울증이 우리를 사로잡게 됩니다. 이러한 문제를 미연에 방지하기 위해서는 과거를 재해석하고, 미래의 두려움을 벗어버리고 현재를 충실하게 살아가야 합니다.

> "형제들아, 나는 아직 내가 잡은 줄로 여기지 아니하고 오직 한 일, 즉 뒤에 있는 것(forgetting what lies behind)은 잊어버리고 앞에 있는 것을 잡으려고 푯대를 향하여 그리스도 예수 안에서 하나님이 위에서 부르신 부름의 상을 위하여 달려가노라"_빌립보서 3:13~14

사도 바울은 과거에 자신을 두렵게 만든 것도, 성취 경험도 잊고 미래를 향해 나아가겠다고 얘기합니다. 즉 바울은 현재 자신이 최선을 다해 하나님께서 주신 푯대를 향해 달려가겠다는 것입니다. 이것이 선한 것이며 건강한 자아가 바로 서는 길입니다.

자아해석을 위한 질문

청소년지도자가 자아를 해석하려면 염두에 두어야 할 질문입니다. 자신의 과거와 현재, 미래에 대해 질문하면서 스스로 자아를 해석하는 시간이길 바랍니다. 질문의 순서는 현재, 과거, 그리고 미래입니다.

[현재] 나는 어디에 있는가?

- 인생이 어디로 가며, 그 방법은 무엇인가?
- 삶에서 가장 중요한 사람은 누구인가?
- 과거에 어떤 사건이 일어났는가?
- 내가 경험한 행복과 불행은 무엇인가?

[과거] 나는 어디에서 왔는가?

- 나를 만든 이야기(태몽), 뿌리, 역사는 무엇인가?
- 가족에게서 받은 영향은 무엇인가?
- 친구, 미디어, 학교, 이웃, 교회의 영향은 무엇인가?
- 치유되지 않은 내면의 상처는 무엇인가?
- 편안하게 나눌 수 있는 개인적인 이야기는 무엇인가?
- 내가 생각하는 과거 경험의 중요성은 얼마나 되는가?
- 가족, 친족, 민족을 무엇이라고 생각하는가?

[미래] 나는 어디로 가고 있는가?

- 내 삶의 목표는 무엇인가? 왜 여기에 있는가?

- 내 삶에서 가장 열정적인 부분은 무엇인가?

- 내 삶의 가장 절정을 언제라고 꿈꾸는가?

- 내가 가장 되고 싶은 것은 무엇인가?

- 과거의 성공 중 미래의 열쇠가 될 수 있는 것은 무엇인가?

- 내 꿈에 도달하기 위해 어떤 지원과 도움을 받을 수 있는가?

- 미래의 꿈을 어떻게 해야 장기 목표가 될 수 있는가?

- 돕는 손길과 단기 목표가 나의 꿈으로 인도하는가?

- 내 목표가 매력적이고, 현실적이고, 측정 가능한가?

- 나를 지원하고 있는 사람들은 누구인가?

성경이 나가라고 하지 말라고 했지요?

부교역자 시절의 에피소드입니다. 당시 신도시의 모교회에서 사역하고 있었습니다. 친구의 추천으로 부임한 후 나중에서야 이 교회는 교역자가 1년 이상 버틴 적이 없다는 말을 들었습니다. 돌이켜보면 담임목사님께서는 교회 건축을 하고 나서 불안하셨던 듯합니다. 장로님들과도 다툼이 잦았고, 교역자들은 눈 밖에 나면 더 버티기 힘들었습니다. 이 이야기는 함께 사역하던 분들이 모두 나가고 저만 남았을 때의 일입니다.

점잖은 장로님이 교역자실에 찾아오셨습니다. 그리고 정말 힘들다고 이런저런 말씀을 하셨습니다. 참 곤란했습니다. 동의하기도 어렵고 그렇다고 아니라고 딱 잘라 말할 수도 없는 상황이었습니다. 자녀가 선교사로 파송 받을 정도로 장로님은 교회를 잘 아는 분이셨습니다. 그렇지만 교역자들이 모두 나가고, 중직자들도 교회를 떠난 상황이 힘드셨던 모양입니다. 1시간 정도 장로님과 저는 대화를 이어갔고, 심각한 대화 중이었는데 하마터면 웃음을 터뜨릴 뻔했습니다.

말씀 중 장로님은 마태복음 5장 22절을 인용하시면서 형제에게 '나가'라고 하는 것은 잘못된 일이라고 하셨습니다. 성경에 나와 있는데 왜 우리 교회는 교역자들에게 매번 나가라고 하는지 모르겠다고 하셨습니다. 그러나 인용하신 '라가'는 '나가'라는 말이 아니었습니다. 말씀 본문은 다음과 같습니다.

"나는 너희에게 이르노니 형제에게 노하는 자마다 심판을 받게 되고 형제를 대하여 라가라 하는 자는 공회에 잡혀가게 되고 미련한 놈이라 하는 자는 지옥 불에 들어가게 되리라" _마태복음 5:22

라가[Raca] '가치 없는', '어리석은'이란 뜻을 가진 아람어 '레카'의 헬라어 음역. '속이(머리가) 빈 사람', '돌대가리', '헛된 사람', '미련한 놈', '가치 없는 사람'이란 뜻. 유대인들이 상대방을 경멸하거나 욕할 때 사용했던 용어이다(마태복음 5:22). 예수께서는 이런 사소한 욕이라도 그 죄가 가볍지 않음을 지적하셨다(마태복음 5:21-26). _「라이프성경사전」, 2006. 중에서

말씀을 떠올리면서 웃지도 반박할 수도 없는 상황이었습니다. 20년 가까이 된 지금도 그 장로님께 그 뜻이 아니라고 말씀드리지 못한 것이 마음에 걸립니다. 너무 진지하게 말씀하셔서 제가 말을 못했던 것입니다. 물론 신학 교육을 받은 지도자가 이런 간단한 실수를 하지는 않을 것입니다.

그러나 다음세대에게 그들의 문화를 읽어 내거나 적용해야 할 때 이런 실수가 의외로 많습니다. 모르면 확인하고, 알아도 찾아보고, 궁금하면 물어보면서 적용해야 합니다.

PART 3

문화를

해석하는 틀

07

터툴리안과 클레멘트, 그리고 어거스틴

청소년사역자가 해야 할 해석의 대상 중 '문화'를 좀 더 알아보겠습니다. 역사 속에서 많은 신학자들은 문화를 연구했습니다.

"아테네와 예루살렘이 무슨 관계가 있는가?"

서방기독교의 대표적 신학자인 터툴리안은 이 같은 질문을 던지며 '세상'을 대표하는 아테네와 '신앙'을 대표하는 예루살렘은 관계가 없다고 했습니다. 세상의 문화를 도외시하고 믿음만을 강조하며 한쪽으로 치우친 것입니다. 반면 동방기독교에서 교회와 문화에 대해 연구 한 클레멘트는 이와는 대조되는 접근을 했습니다. 그는 로마인들에게 플라톤과 스토아 철학을 응용해 기독교를 증명하려고 시도했습니다.

터툴리안과 클레멘트는 신앙과 문화의 양 끝에 서 있었습니다. 두 신학자 이후에 나온 신학자가 바로 성 어거스틴입니다. 그는 가톨릭과

개신교가 갈라지기 전 기독교의 토대를 쌓았습니다. 어거스틴은 히포의 주교로 있으면서 『하나님의 도성: 신국론』을 집필했습니다. 이 책은 논리를 앞세우는 철학과 믿음을 강조하는 기독교가 상호 긍정적으로 화해하고 발전하게 하였습니다. 즉 철학과 신학, 세상과 교회가 함께 갈 수 있는 토대를 마련한 것입니다.

지금도 대화를 하다 보면 터툴리안의 입장에 서는 지도자들이 있습니다. 이분들은 세상의 학문은 필요없다고 주장하며 오직 말씀과 기도만을 강조합니다. 반대로 클레멘트의 입장에 서는 분들도 있습니다. 이분들은 인문학적인 접근을 하기도 하고, 과학적인 접근을 통해 복음을 전하기도 합니다.

아무것도 알지 못했던 신학생 시절에는 기도만 하면 이루어진다고 믿었습니다. 그러다가 교육학을 배우며 클레멘트식으로 생각했습니다. 하지만 클레멘트가 사용했던 일반 학문의 영역 역시 하나님을 설명하기에 한계가 있었습니다. 그래서 저는 이 두 가지 견해를 종합한 성 어거스틴의 입장을 받아들이기로 했습니다.

여러분은 어떤 입장인가요? 터툴리안과 클레멘트에 대해서 모른다고 할지라도 많은 사람들이 이 두 입장 중 하나에 서 있습니다. 우리는 이 두 입장을 어떻게 조화롭게 어거스틴의 입장에 이르게 할지를 생각해야 합니다.

인간을 이해할 때 심리학에서 유형론으로 분류하듯이, 문화를 이해할 때도 문화와 그리스도의 관계 유형을 통해 이해할 수 있습니다. 리처드 니버(2007)는 그리스도와 문화의 관계를 다섯 가지 유형으로 나누어 설명했습니다. 그는 다음과 같이 교회와 문화의 관계를 제시함으로 그리스도인들의 문화적 관점의 차이를 이해할 수 있도록 했습니다. 다섯가지 유형은 다음과 같습니다.

첫 번째 유형은 문화와 대립하는 그리스도(church against culture)입니다. 터툴리안과 같이 근본주의적인 전통을 갖고 있는 교회들이 보여주는 모습입니다. 이들은 그리스도와 문화는 관계가 없을 뿐더러 대립 관계에 있다고 주장합니다. 이들은 '새로운 법 유형'이라고도 합니다. 세상의 법은 무시하고 새로운 법만을 따르기 때문입니다. 여기서 '새로운 법'이란 하나님의 법을 대체했으며 예수 그리스도를 통해 선포한 법을 의미합니다.(로마서 8:2)

그리스도인은 문화와 대립하는 그리스도의 관점으로 세상을 바라보는 사람들을 새로운 법을 가진 새로운 백성이라고 생각합니다. 예수 그리스도를 통해 계시된 가치관만이 타당하고, 이 윤리를 가진 공동체는 잘못된 윤리를 가진 세상으로부터 분리되어야 한다고 생각합니다. 이 유형의 문화를 향유한 사람들은 내세 지향적인 삶을 추구합니다. 지금 사는 현실이 너무 힘들기 때문에 '마라나타', '쿰바야(Come by here)'

를 외치며 마지막 날을 기다립니다. 베네딕트 수도원이나 레오 톨스토이가 이 유형의 대변자라고 할 수 있습니다.

최근에도 문화와 대립하는 그리스도 유형의 시각을 가진 사람들이 있습니다. 어떤 신학자들은 '언제 우리가 삶의 모든 것을 전문가의 도움을 받았느냐'며 세상과 자신들을 분리하고, 전문가는 필요없다고 생각합니다. 몸이 아파도, 혹은 마음이 아파도 의사의 도움을 받지 않는 것입니다. 이런 사람들은 새로운 법만을 받아들이기 때문에 새로운 법이 통하지 않는 이 세상의 문화와 자신을 분리합니다. 그러다 보니 이러한 유형의 사람들은 세상법도 무시하게 되고 일반 사람들과도 소통할 수 없기 때문에 수도원에 들어가 살 수밖에 없는 것입니다.

두 번째 유형은 문화에 속한 그리스도(church of culture)입니다. 이 주장은 교회가 문화 안에 있다고 가정하는 것을 의미합니다. 클레멘트의 해석이 이 유형에 속합니다. 최근 문화 속에서 복음을 나누자는 신앙인들이 이에 속합니다. 이들은 '적응주의형'이라고도 합니다. 로마가톨릭이 남미에서 정령신앙, 토속신앙과 가톨릭을 섞는 우를 범하는 것이 대표적인 예입니다.

'자연법 유형'이라고도 불리는 이 유형은 첫 번째 유형과는 반대로 자연법을 따릅니다. 자연법은 새로운 법과는 정반대에 위치하며, 인간에 의해 만들어진 법을 의미합니다. 이 유형은 교회를 문화와 융합하고 문화적 법을 기독교적 법과 동일시하면서도, 문화적 목표와 규범을 기독교적으로 이해하려고 노력합니다.

그래서 죄나 회개에 대해 잘 이야기하지 않고, 문화가 이야기하는 것만 말합니다. 또한 복음의 권고와 가치를 사회의 가치와 융합하려고 합니다. 그러다 보니 앞서 남미의 사례처럼 섞이면 안 되는 것이 섞이는 문제가 발생합니다.

이 유형의 대변인 중에 알렉산드리아의 클레멘스와 자유주의 기독교가 있습니다. 이들은 세상과 전혀 구별되지 않습니다. 세상 안에 있으면서 세상을 짜게 하거나, 혹은 밝게 비추는 것이 아니라, 세상 안에 있는데 세상인지 교회인지 구분할 수 없는 사람들이 되는 것입니다.

세 번째 유형은 문화 위에 있는 그리스도(church above culture)입니다. 교회가 문화보다 우월하다는 이해입니다. 이들은 '조형적 유형'이라고 불립니다. 두 가지의 가치관을 서로 동일한 차원에 두지 않기 때문입니다.

다스리고 번성하라는 자연의 명령(문화)과 땅 끝까지 증인이 되라는 복음의 명령(그리스도)을 모두 신적인 명령으로 간주합니다. 이 둘 사이의 불연속성도 인정합니다. 또한 이 불연속성은 실질적인 대립이 내포되어 있지 않습니다. 자연-이성의 가치관과 명령이 인간의 노력으로 실현될 수 있고, 또 준비 작업의 기능이 있다는 사실에 비추어 그것들에 실제적인 강조점을 둡니다.

즉 이 유형은 세상의 법들을 인정합니다. 그러나 이들은 이 문화 위에 하나님의 법이 있다고 생각합니다. 그러다 보니 문화적으로는 수직적인 사고를 보여주는 고딕형 양식의 성당이 등장했습니다. 이 유형의 대표적인 예로는 토마스 아퀴나스와 로만 가톨릭 조직, 중세 가톨릭 문화가 있습니다.

네 번째 유형은 문화와 역설적인 그리스도(church and culture in paradox)입니다. 이 유형은 복음의 가치관과 문화의 가치관이 함께 갈 수 없다고 생각하기 때문에 역설적이라고 표현하는 것입니다.

이들은 '왕복운동형'이라고도 합니다. 복음의 윤리를 급진적 형태 그대로 수용하려고 하며, '자연적인' 지성에 타당하게 보이려고 재해석하지 않습니다. 자연과 문화의 요구사항을 불가피한 것으로 받아들이고 하나님의 요구로 수용합니다. 예를 들어 출산, 자기보존, 악한 세상의 질서 유지 등 자연과 문화의 불가피한 요구사항을 하나님의 요구로 받아들입니다.

이 유형은 평화와 의는 믿음과 소망 안에서만 존재할 뿐 현실적으로 실현 불가능하다고 생각합니다. 이 유형의 사람들은 앞서 배운 새로운 법 유형과도 비슷해 보이지만 차이가 있습니다. 이들은 새로운 법 유형의 사람들처럼 반문화적이지는 않습니다. 그러나 현실과는 동떨어져 있는 삶을 삽니다.

이들은 인간을 이중적인 존재로 봅니다. 영과 육, 초월적인 것과 경험적인 것, 본질과 실존이 인간 속에 공존한다고 보는 것입니다. 즉, 인간도 이원론적으로 구분합니다. 이들은 하나님도 인간과 같이 이중적인 존재로 봅니다. 은혜와 분노, 자비와 어두움이 함께 있다고 봅니다. 또한 세상도 창조된 곳과 타락한 곳, 좋은 곳과 부패한 곳이 공존하는 이중적인 장소로 바라봅니다.

왕복운동형의 사람은 하나님의 창조 원리가 역설적이라고 봅니다. 이 생각은 통찰력을 줍니다. 하나님이 은혜와 자비도 보이지만 분노한다는 것을 받아들이는 능력이 필요하기 때문입니다.

다섯 번째 유형은 문화를 변혁하는 그리스도(church transforming culture)입니다. 보수적인 신학을 주장하는 교파들은 이 유형을 선호합니다. 이 유형의 사람들은 새창조의 원리에 의해 타락한 문화를 어떻게 하나님의 문화로 만들어 갈 것인지를 논의합니다. 이 유형을 '전환론적 유형'이라고 합니다. 이 유형은 자연법은 타락한 이성에 의해 파악된 법이라고 생각합니다.

이 같은 생각은 문화 위의 그리스도 유형을 대표하는 토마스 아퀴나스의 사상과 대립관계에 있습니다. 이성에 의해 인식되는 가치는 하나님을 위한 진정한 가치이지 세상에 상대적인 가치가 아닙니다. 또한 복음의 명령은 자연과 이성의 명령으로 대체되지 않습니다. 복음을 통해 파악된 가치도 이성으로 파악된 가치를 대체하지 않을 것입니다. 그리스도 안에서 선의 발견과 이를 통한 궁극적 계명의 수용은 자연-문화에 내재된 타락한 질서를 온전한 상태로 회복하고 자연의 명령을 재해석하는데 사용해야 합니다.

> 유형론이란 기독교 안에 있는 무한히 다양한 창조적 도덕성을 이해하도록
> 도와주지만, 각 개인이나 운동은 유형만으로는 설명할 수 없는 독특한 개
> 성을 지닌다. 더 나아가 기독교 도덕의 유형들은 결코 가치의 척도가 아니
> 라는 점을 덧붙이고 싶다. _리처드 니버

우리가 리처드 니버의 다섯 가지 유형을 배웠지만 이 다섯 가지 유형으로도 설명할 수 없는 것들이 있다는 것을 리처드 니버는 말하고 있습니다. 따라서 우리는 가치가 아닌 유형으로서 위 내용을 이해해야 합니다. 청소년지도자로서 우리 스스로의 위치가 어느 주장과 가까운지를 살펴야 합니다. 뿐만 아니라 나와 다른 관점을 가진 그리스도인들도 있다는 점을 인정해야 합니다.

08

이야기 청소년신학

문화신학은 이야기로서의 신학을 의미합니다. 신학은 종교에 대한 연구를 하는 종교학과는 달리 하나님과 우리의 관계에 대한 설명을 합니다. 우리와 하나님의 관계는 하나님의 이야기와 우리의 이야기, 그리고 이 두 이야기가 함께 만나는 이야기로 설명할 수 있습니다. 이야기는 우리가 살고 있는 문화적 배경을 갖고 있습니다. 그렇기 때문에 어떤 이야기를 이해하기 위해서는 문화를 먼저 이해해야 합니다.

크리스천인 우리는 문화 안에 있습니다. 그렇기 때문에 그 문화를 이해하지 못하고서는 자신을 이해할 수 없습니다. 교회의 가장 큰 전제는 하나님께서 모든 문화를 만드셨다는 것입니다. 그 문화 속에는 하나님의 사람들의 문화도 포함되어 있습니다. 물론 문화가 인간의 죄성으로 인해 왜곡되고 타락한 모습을 보일 수는 있지만 그 근본 모습은 하나님의 형상을 나타냅니다.

통하게 하는 복음 이야기

성경에는 복음의 이야기(The Story of God)가 있고, 공동체의 이야기가 있으며, 사람들 개인의 이야기가 있습니다. 이 이야기는 모두 연결되어 있지만 우리는 종종 이 사실을 간과하곤 합니다. 그래서 청소년 상담자는 청소년의 이야기만, 사회학자는 공동체의 이야기만, 신학자는 복음의 이야기만 합니다. 즉 신학적 영역, 사회학적 영역, 상담학적 영역이 구분된 것입니다. 그러나 복음의 이야기는 우리 민족, 가족 공동체의 이야기를 포함합니다. 그리고 공동체의 이야기 속에는 청소년의 이야기가 있습니다. 이 세 이야기는 서로 연결되어 있습니다. 그 연결고리를 찾는 것이 '이야기로서의 신학'입니다.

세상에는 좋은 이야기만 가지고 있는 사람도 없고, 나쁜 이야기만 경험하는 사람도 없습니다. 좋은 사람 안에도 10% 이상은 나쁜 이야기가 있으며, 나쁜 사람 안에도 10% 이상은 선한 이야기가 있습니다. 우리 젊은 세대는 이전 세대의 이야기를 모릅니다. 우리 사회의 청소년들은 자신의 가족을 보며 부모를 '일 나갔다 늦게 들어오는 지친 존재'로만 바라봅니다. 부모의 이야기를 모르기 때문에 세대가 단절되었습니다. 그들은 공동체 이야기 뒤에 있는 더 큰 이야기인 복음의 이야기, 하나님의 이야기를 보지 못합니다.

복음의 이야기는 청소년의 이야기와 공동체의 이야기를 연결해줍니다. 어른들은 청소년들의 이야기를 들어야 합니다. 그들의 이야기를 듣지 않고, 청소년의 이야기를 모른다면 연결할 수가 없습니다. 단순히 청소년에게 답을 주려고만 한다면 이야기가 단절됩니다. 단절된 이야기를 연결하기 위해서는 청소년의 이야기를 알고, 복음의 이야기도 알아야 합니다. 이것을 알고 연결해주는 것이 전도이며, 이는 복음을 전수해주는 과정입니다.

과거에 지도자나 교사는 청소년에게 자신이 알고 있는 복음을 넣어주면 된다고 생각했습니다. 그러나 그것은 우리가 살고 있는 문화에 적절한 방식이 아닙니다. 21세기는 이야기의 시대입니다. 어떤 논리도 이야기를 이길 수 없습니다. 이야기는 자신만의 독특한 경험입니다. 청소년의 이야기와 공동체의 이야기를, 공동체의 이야기와 복음의 이야기를 연결해 청소년의 이야기와 하나님의 이야기를 연결하는 것이 청소년지도자로서 감당해야 할 역할입니다.

복음의 이야기에는 교회의 이야기와 세상 권세를 잡은 자들의 이야기가 있습니다. 고린도후서 4장 4절에서는 후자를 이 시대의 신(The god of this age)이라고 표현합니다. 전자와 후자의 이야기 갈등은 항상 존재합니다. 비록 세상의 권세를 잡은 자의 이야기가 있더라도 우리는 주기도문을 통해 기도하는 것처럼 '하나님의 나라가 이 땅에 임하기를' 기대합니다. 하나님의 나라가 임한다는 것은 세상의 권세를 잡은 자 위에 하나님의 나라가 임하는 것이며, 우리의 영혼이 그 나라가 되어 계속해서 확장되는 것입니다. 그것이 교회의 이야기, 하나님의 공동체 이야기입니다.

성경을 보면, 가인은 동생을 죽였지만 하나님은 그를 보호하시고 문명을 번성하게 하셨습니다. 같은 맥락에서 하나님께서는 모세를 이집트에서 성장하게 하셨으며, 지도자의 길을 준비하게 하셨습니다. 다니엘은 바벨론의 느부갓네살 왕과 페르시아의 고레스 왕 밑에서 학문을 했고 이스라엘의 지도자가 되었습니다. 에스더는 이교도의 풍습을 통해 준비된 페르시아의 여왕이었고, 이를 통해 이스라엘을 회복시킬 수 있었습니다.

이 네 명의 이야기를 통해 하나님께서는 이 땅에서 하나님의 나라를 건설할 다음세대를 어떻게 준비하시는지 알려주십니다. 즉 하나님께서는 우리가 '세상적'이라고 표현하는 문화 속에서 다음세대를 키우고 계십니다. 따라서 우리는 세상과 교회를 이분법적으로 생각해서는 안 됩니다. 세상 안에 교회가 있습니다. 그러나 교회는 세상 안에 속해 있지 않습니다. 이것이 교회와 세상의 역설적 관계입니다. 가인, 모세, 다니엘, 그리고 에스더는 세상 안에 있지만 세상에 속하지 않은 사람들이었습니다. 이들은 그 세상으로 인해 성장하고 있지만 세상 사람들이 아닌 하나님의 사람들이었습니다.

우리가 섬기는 청소년도 마찬가지입니다. 하나님의 크신 계획 속에 청소년은 '세상'이라고 부르는 문화 안에서 하나님의 사람으로 성장하고 있습니다. 이것이 복음의 이야기입니다. 예수님 또한 평화롭고 완벽한 교회에 오시지 않고 로마제국의 압제에 있으며, 율법주의에 사로잡힌 이스라엘에 오셨습니다. 그러나 예수님께서는 그 안에서 하나님의 나라를 만들어 내셨습니다. 교회도 마찬가지입니다. 교회가 세상 안에 있을 수밖에 없지만 교회는 그 세상 속에서 자라고 있습니다.

경건한 청소년은 '세상 안에 살고 있지만 세상의 소유가 안 되는' 방법을 찾고 있습니다. 만일 우리가 세상과 분리되어 있다면 소금과 빛의 역할을 할 수 있을까요? 세상과 분리되어 있다면 소금과 빛의 역할은 필요가 없어집니다. 따라서 우리는 세상과 교회를 이분법적인 시각으로 바라보아서는 안 됩니다.

창조의 정체성

총신대학교의 신국원(2005) 교수가 문화를 보는 눈을 창조, 타락 그리고 구속으로 나누었듯이, 복음의 이야기도 크게 창조의 이야기, 타락의 이야기, 구속의 이야기로 볼 수 있습니다. 먼저 복음의 이야기 중 창조의 이야기를 해보겠습니다.

하나님의 이야기는 사랑과 정의와 평화의 이야기입니다. 그리고 피조물과 창조주의 관계에 관한 이야기입니다. 아담과 하나님의 관계, 아브라함과 하나님의 관계에 대한 이야기입니다. 성경에는 하나님의 천

지창조 이야기, 모세 이야기, 아브라함의 이야기, 이삭의 이야기, 야곱의 이야기, 요셉의 이야기, 예수 그리스도의 이야기 그리고 제자들의 이야기가 있습니다. 이 모든 것이 이야기로 이루어져 있습니다. 우리가 섬기는 청소년의 이야기에서도 창조의 이야기가 중요합니다. 각자에게 창조는 정체성과도 연관되기 때문입니다.

하나님이 인간을 창조하셨기 때문에 우리는 호모 파베르(homo faber: 도구의 인간)이며, 그 인간을 사랑하셨기 때문에 우리는 호모 아만스(homo amans: 사랑의 인간)입니다. 즉 우리는 하나님의 형상을 닮아 창조하며 사랑하는 존재인 것입니다.

호모 파베르의 특징은 청소년과 활동할 때 흔히 발견할 수 있습니다. 특히 청소년 활동 중에서 요리와 같은 창의적인 활동을 할 때 청소년은 가장 재밌어 합니다. 더불어 어떤 도구를 사용할 때 그 도구의 고유한 목적뿐만 아니라 다른 목적으로도 그 도구를 사용하는 모습을 보면 확실히 인간은 도구의 존재입니다.

호모 아멘스의 특징은 청소년의 사랑에 대한 관심에서 발견할 수 있습니다. 청소년은 다른 사람들의 사랑 이야기에 눈물을 흘리기도 합니다. 호모 아멘스의 특징은 청소년 성교육 현장에서도 볼 수 있습니다. 청소년은 성 사용법에 대한 강의보다는 강사의 사랑 이야기를 더 좋아합니다. 이는 인간의 내면에는 사랑의 본능이 있다는 것을 보여줍니다.

에덴동산에서 하나님께서 아담과 하와에게 하신 첫 번째 명령은 무엇이었나요? 대부분의 사람들이 이 질문을 들으면 "선악과를 따먹지 않는 것이요"라고 답합니다. 하지만 그렇지 않습니다. 성경에서도 "다 먹어(You are free to eat from any tree in the garden)"가 먼저 나타난 명령이었습니다.

이를 바탕으로 해석하면 아마 하나님께서는 "다 먹어도 돼. 하지만 그 중에 하나만 나를 위해 남겨둬. 네가 그 약속을 지키면 네가 나를 사랑한다는 것을 기억할 거야" 같은 말투로 하셨을 것입니다. 즉 선악과를 따먹지 말라는 하나님의 명령은 율법이 아닌 사랑이었습니다. 하지만 인간은 그 사랑을 깨버렸습니다.

요한복음 10장 10절 말씀에 따르면 하나님의 의도는 생명을 주고, 그 삶을 더욱 풍성하게 하는 것입니다. 하나님께서는 이와 같은 의도로 에덴동산을 만드셨습니다. 시험거리를 두고 우리를 위협하려고 하신 것이 아닙니다. 모두 하나님 사랑의 표현이었습니다. 하나님께서는 인간을 향한 구원의 계획을 갖고 계셨습니다. 그런데 뱀은 자신이 더 나은 계획을 갖고 있다고 아담에게 말합니다. 더 좋은 삶이 있다고 말합니다.

"우리가 아직 죄인 되었을 때에 그리스도께서 우리를 위하여 죽으심으로 하나님께서는 하나님의 사랑을 깨 버려 타락한 우리를 위해 성육신 (incarnation) 하셨습니다. 예수님의 삶, 가르침, 죽음, 부활, 승천은 우리에게 구원의 소망을 줍니다. 사랑을 확증하는 방식 중 하나가 성육신입니다. 하나님께서 우리를 너무나 사랑하셨기 때문에 이 땅에서 우리의 눈높이에 맞춰 주셨습니다.

그런 하나님의 형상이 우리 안에 있기 때문에 우리는 지도자로서 청소년에게 눈높이를 맞추어야 합니다. 물론 우리가 유치해지면 안 됩니다. 예수님께서 우리의 눈높이를 맞추셨지만 우리와 함께 죄를 짓지는 않으셨습니다. 그렇기 때문에 우리도 유치하지는 않게 청소년을 사랑하는 마음으로 그들의 눈높이에 맞춰 그들과 어울려야 합니다. 이것이 바로 타락한 세대 안에서의 성육신적 사역입니다.

십자가를 지신 위대한 이야기

하나님께서 죄에 대해 분노하십니다. 하나님은 우리의 잘못된 행위인 죄에 대해 분노하셨지만 우리의 존재 자체는 사랑하셨습니다. 그 사랑으로 나타난 것이 구속의 이야기이며 십자가의 이야기입니다. 믿음의 핵심은 십자가의 사랑이며, 십자가를 빼놓고는 구원을 이야기할 수 없습니다. 이 십자가의 이야기를 전하는 것이 교회의 역할입니다. 십자가는 인간의 타락과 죽음 그리고 하나님 앞에서 실존적인 분리를 해결하는 유일한 길입니다. 죽은 나사로처럼 우리도 현실 속에서 죽음을 경험하며 살고 있습니다. 그러나 그 죽음은 '참 생명'이신 예수 그리스도를 만남으로 해결됩니다.

예수님께서는 우리를 위해 고통을 당하셨습니다. 예수님께서는 우리를 위해 대속물이 되셨습니다. 우리와 우리의 죄를 위해 제물로 드려졌으며, 모든 악한 구조와 폭력적인 나라와 권력을 이기셨습니다. 이를 통해 하나님께서는 사랑을 보이고 계십니다. 이것이 이 땅에 오셔서 십자가를 지신 하나님의 위대한 이야기입니다.

우리가 "하나님의 나라가 이 땅에 임하옵시며"라고 주기도문을 통해 기도하는 것은 십자가의 사랑이 이 땅에 임하기를 기도하는 것입니다. 이것은 이미 임한 교회의 이야기이기도 하지만 아직 끝나지 않은 긴장 속에 있는 우리의 강한 소망입니다. 하나님의 위대한 이야기는 결론으로 갈 것입니다. 하나님께서는 우리의 생각과 시간표에 맞춰 오시지 않습니다. 그러나 확실한 것은 오시겠다고 약속하셨고, 그 약속은 반드시 지켜질 것입니다.

하나님의 구원 이야기와 연결하기

복음은 성경의 이야기 중심에 예수 그리스도가 계심을 나타냅니다. 그리고 우리 개인과 문화적 이야기 가운데에서도 예수님께서 함께하십니다. 우리는 예수님의 심장을 가지고 예수님의 시선을 통해 청소년과 그들의 문화를 바라보아야 합니다. 그리고 그들 가운데 예수님께서 함께하신다는 것을 알려줘야 합니다.

성경적인 청소년상담에서 가장 중요한 것이 무엇입니까? 우리가 고통 받고 힘들었던 그 시간, 그 공간에 예수님께서 우리와 함께하셨다는 것입니다. 세상을 보면 너무나 많은 악한 일들이 일어납니다. 전쟁과 테러로 무고한 사람들이 죽어 나갑니다. 이러한 상실의 경험은 우리로 하여금 하나님의 존재를 의심하게 합니다. 그러나 그 가운데에서도 하나님께서는 우리와 함께 울고 계십니다. 그것이 우리의 이야기와 하나님의 이야기가 연결되는 방식입니다.

위대한 복음의 이야기에는 우리의 이야기와 교회의 이야기가 함께 모입니다. 우리 교회의 이야기는 하나님의 이야기 중 아주 작은 일부입니다. 우리 개인의 이야기 또한 마찬가지입니다. 그런데 우리가 자기중심적인 사고를 하게 되면 하나님의 이야기보다 내 개인의 이야기가 더 크고 중요하다고 생각합니다. 이러한 생각은 아동기와 청소년기의 특징입니다.

교회에서도 이런 생각을 하게 되면 교회의 이야기가 복음의 이야기보다 중요하게 여겨집니다. 교회는 이야기의 중심이 아닙니다. 정말 중요하고 근본적인 이야기는 복음이며, 우리 개인의 이야기와 공동체의 이야기는 복음의 이야기와 연결되어야 합니다.

09

대중문화, 다시 보기

대중문화란 대량의 생산 가능한 기술에 의해서 생산되는 것이고, 소비자에 의한 대량 유통의 이익을 위한 시장이다. 이것은 상업 문화이며, 대중은 대중을 위한 시장을 생산한다. _도미니크 스트리나티, 1996

대중문화는 마케팅 산업, 예술가와 청중이 만났을 때 형성됩니다. 마케팅 산업이란 음악, TV, 영화산업 등을 의미합니다. 예술가에는 소속된 예술활동가, 힙합, 래퍼, 배우, 가수 등이 있습니다. 그리고 이들을 접할 수 있는 청중이 있습니다. 대중문화의 대표적인 예가 유튜브입니다. 유튜브 안에는 마케팅 산업과 예술가, 청중이 모두 있습니다.

예전에는 마케팅 산업에 진입하기가 쉽지 않았습니다. 음악 산업만 봐도 과거에는 개인이 음원을 발행할 수 없었습니다. 그런데 기술이 발달하면서 개인이 자신의 음악, 영상을 유튜브 같은 매체를 통해 생산과 유통을 할 수 있는 시대가 되었습니다.

가라지와 곡식 가려내는 사랑

대중문화에는 악한 것들이 분명히 존재합니다. 이러한 악한 문화에 대한 태도는 예수님의 가라지 비유에서 볼 수 있습니다. 마태복음 13장의 가라지 비유에서는 한 농부가 등장합니다. 농부는 그의 넓은 밭에 곡식을 심고 집으로 돌아와 휴식을 취했습니다. 그런데 농부가 자고 있을 때 적이 와서 밭에 가라지를 심었습니다. 가라지와 곡식을 본 종들은 가라지를 뽑아 버리겠다고 말합니다. 그때 주인은 "가만 두어라. 가라지를 뽑다가 곡식까지 뽑을까 염려하노라. 추수꾼들에게 가라지를 먼저 거두어 불사르게 단으로 묶고, 곡식을 모아 내 곳간에 넣으라 하리라"라고 말합니다.

교회 안에도, 밖에도, 문화에도 가라지는 심겨 있습니다. 그러나 세상 속에 악과 선을 나누어 구분한다는 것은 어려운 일입니다. 우리가 무작정 가라지를 뽑으려 든다면 알곡까지 뽑을 수도 있습니다. 따라서 옳은 것과 그렇지 못한 것을 나눌 수 있는 원리를 찾아야 합니다.

예를 들어 전자음악의 선악을 따지는 것은 어리석은 일입니다. 문화를 수용할지 말아야 할지에 대해서 고민하는 것은 이해할 수 있습니다. 그러나 그 문화 자체에 선과 악을 구분하는 것은 잘못된 생각입니다. 전자악기가 중요한 것이 아니라 그 전자음악이라는 문화에 무엇을 담는지가 중요한 것입니다. 음악의 장르가 아니라 음악에 어떤 내용을 담는지가 중요한 것입니다.

그렇다고 성경적인 가사가 들어갔다 해서 무조건 선이라고 할 수는 없습니다. 우리는 원리 중심으로 그 문화의 방향성을 보고, 그 문화를 만들어낸 사람들의 삶의 태도를 관찰해야 합니다.

하나님의 목적은 폭력을 종식하고, 정의를 통해 평화를 이루는 것입니다. 따라서 우리는 문화가 폭력적인지 평화적인지를 살펴봐야 합니다. 하나님께서는 거룩한 피조물들이 그들의 환경을 창조주의 손길처럼 다루기를 바라며, 미래 세대에게 남기기를 원하십니다. 하나님이 세상을 사랑하듯이 우리가 문화를 사랑하느냐를 생각해야 합니다. 이 사랑이 바로 가라지와 알곡을 나누는 근본적인 원리입니다.

그리스도인의 대중문화 비평

기독교에서 문화를 해석할 때 극단적인 움직임이 있습니다.

첫 번째 위험요소는 대중문화의 종교성과 영성을 무비판적으로 수용하고 그것에 매혹되는 것입니다. 지도자는 문화에 어떤 메시지가 있고, 어떤 방향성이 있는지를 면밀히 숙고해야 합니다. 예를 들어 EDM 음악을 통해 예배를 드리는 사람들도 있습니다. 이때 중요한 것은 그러한 예배가 어떤 메시지를 갖고, 어떤 방향성을 가지며, 어떻게 재생산을 하고, 어떤 다른 문화를 양성하는지를 우리가 생각해야 합니다.

두 번째 위험요소는 첫 번째와는 반대로 대중문화가 죄에서 비롯되었다는 것을 반증하는 또 하나의 증상으로 치부하고, 죄라고 여기는 것입니다.

이 두 가지 해석과 같이 대중문화를 해석할 때 한쪽으로만 간다면 무비판적 수용을 하거나 이원론적으로 악한 것으로만 해석하게 될 것입니다.

우리는 문화를 구별하고 보는 법을 배워야 합니다. 앞서 문화의 기능에서 언급했듯이 모든 문화에는 메시지와 방향성이 있습니다. 예를 들어 80년대에는 예배 때 드럼을 사용하지 못하게 했습니다. 드럼과 같은 타악기는 사람의 감정을 자극하는 악기라고 생각했습니다.

그러나 중요한 것은 이 드럼의 위치가 아닌 방향성입니다. 즉 교회 안에 있느냐 밖에 있느냐가 중요한 것이 아니라, 예수 그리스도를 바라보느냐 바라보지 않느냐가 중요하다는 것입니다. 교회 안에 있는 문화라 할지라도 그 문화가 하나님을 바라보지 않는다면 그것은 악한 문화입니다. 교회 밖에 있는 문화라도 하나님을 바라보며 하나님의 뜻을 발현하는 문화는 선한 하나님의 문화입니다.

모든 문화는 하나님께로부터 오고, 문화 안에서는 하나님의 쉐키나(영광)를 발견할 수밖에 없습니다. 이 문화 중에서도 청소년들과 사역을 하면 접하게 되는 문화가 있습니다. 바로 우리가 이 PART에서 배우고 있는 대중문화입니다. 우리가 그리스도인으로서 대중문화를 학습해야 하는 이유는 다음과 같습니다.

첫 번째로 대중문화는 우리의 존재를 찾고, 성장시키는데 도움이 되기 때문입니다. 문화를 통해 사람은 메시지를 전달받으며, 생각을 정리합니다. 우리가 이 세상의 모든 문화를 무시하고 살 수는 없습니다. 대중문화를 통해서 인간으로서의 우리를 찾아갈 수 있습니다.

두 번째로 대중문화는 가치와 아이디어, 그리고 윤리를 퍼뜨리는 장(場)이기 때문입니다. 대중문화에는 사상들이 이야기됩니다. 어떤 사람들은 자신이 옳다고 생각하는 특정 이데올로기, 혹은 생각을 퍼뜨리기 위해 축제라는 방식을 활용하기도 합니다. 우리는 이를 성경적인 관점에서 문화의 방향성, 특징을 찾아내야 합니다. 이를 통해 대중문화를 신학적 관점에서 끊임없이 연구해야 합니다.

세 번째로 대중문화는 포스트모던 사회의 공통언어이기 때문입니다. 젊은이들의 공통어인 대중문화를 모르면 그들과의 대화가 어렵습니다. 예를 들어 영국 사람과 아프리카 사람이 만나면 언어가 다르기 때문에 대화가 이루어지지 않습니다. 그래서 그들은 공통어를 만들어 의사소통을 합니다. 포스트모던 사회에서 이 세계 공통어는 대중문화입니다. 우리 시대는 젊은이들의 공통어인 대중문화를 통해서 소통합니다.

마지막으로 대중문화는 학문과 현실의 괴리를 극복하게 합니다. 학문성이란 지금 우리가 계속해서 하는 철학적 사고, 과학적 사고 등을 의미하고, 대중성은 직접 삶 속에서 쓰고 있는 것들을 의미합니다. 이 두 가지는 균형을 이루어야 합니다. 우리는 학문성과 대중성이 함께 가도록 대중문화를 연구해야 합니다.

마태복음 5장 45절에 보면 하나님께서는 우리에게 대중문화의 일반은총을 허락하라고 하십니다. 그래야만 우리가 하늘에 계신 아버지의 자녀가 되기 때문입니다. 하나님께서는 악한 사람에게나 선한 사람에게나 똑같이 해를 떠오르게 하시고, 의로운 사람에게나 불의한 사람에게나 똑같이 비를 내려주신다고 말씀하십니다.

하나님께서는 지루한 직업에서 자신의 삶을 보내는 사람들이 TV나 영화에서 기쁨을 찾는 것을 즐거워하실 것이고, 사람들의 예술적 재능의 표현을 틀림없이 기뻐할 것입니다. 하나님께서는 대중문화를 즐기는 사람들에게 '너 왜 TV나 보고 앉아 있어!'와 같은 말을 하지 않으십니다. 대중문화를 통해 새로운 것을 창조하는 것을 보고 오히려 잘했다고 하실 것입니다. 또한 하나님께서는 싸움과 학대와 질병으로 고통 받고 있는 사람들이 역경을 극복한 이들의 이야기를 접함으로써 힘을 얻길 원하실 것입니다.

우리는 대중매체를 통해 질병을 극복하는 모습을 보기도 하고, 혹은 극복하지 못한다고 할지라도 가족의 사랑 안에서 평온하게 마지막을 준비하는 모습을 보기도 합니다. 하나님께서는 이런 이야기들이 우리에게 힘이 되는 것을 원하실 것입니다. 더불어 예수님의 위선자(특별히 종교적인 위선자)를 향한 노여움은 대중문화 속에서 이루어지는 사회적 비판을 정당하게 합니다.

대중문화에서 잘못된 정치, 사회, 경제에 대해 신랄하게 비판을 합니다. 어떤 어른들은 이런 모습을 보며 예수님께서 비판하지 말라고 하셨다며 비판하는 이들을 비판합니다. 그러나 성경에는 그것만 이야기하지 않습니다. 예수님도 성전에서 장사하는 이들에게 화를 내셨습니다. 마찬가지로 대중문화는 우리 시대의 위선자를 혹독히 비판합니다.

대중문화는 이같이 다양한 형태로 나타나고 있습니다. 중요한 것은 하나님께서 일반은총의 영역을 허락하셨으며, 삶의 공허를 노래와 영화와 쇼를 통해 거룩하고 성경적인 주제로 이끌어 가는 것을 기뻐하신다는 것입니다.

Episode

멱살 잡힌 전도사

1999년경, NSM(New Spark Movement)이라는 선교회에서 청소년 캠프를 준비하는 핵심 스태프의 역할을 맡았습니다. 그때나 지금이나 청소년사역은 만만치 않습니다. 좋은 기억이 많지 않습니다. 그해에 우리는 장소를 구하는데 어려움을 겪었습니다. 저를 비롯한 스태프는 참가 청소년을 모집하는데 온 힘을 다해야 했습니다. 어렵게 캠프를 진행하게 되었으나 어이없는 일이 벌어졌습니다.

나이가 지긋한 전도사님이 진행 본부에 찾아와 자신의 교회에서 온 청소년들을 인솔해서 가야겠다고 겁을 주는 상황이 벌어졌습니다. 그 전도사님은 기획과 진행을 하고 있던 저의 멱살을 잡을 태세였습니다. 저는 그분을 일대일로 만나 대화하면서 이유를 물었습니다. 의외로 그 이유는 간단했습니다. 그 당시는 CCM이라는 개념이 처음 알려지기 시작하던 시절이었는데, 캠프에서 댄스그룹(CCD)을 무대에 세운 것이 그분에게는 몹시 불편했던 모양입니다.

그 전도사님은 청소년에게 하나님의 문화가 아닌 세상문화를 보여주는 것은 잘못되었다고 주장했습니다. 당시 힙합 댄스그룹인 ING의 활동은 저로서도 다소 충격이었습니다. 힙합 댄스라는 장르뿐만 아니라 멤버의 의상 역시 일반 교회 지도자들의 눈에는 받아들이기 어려웠을 것입니다. 더구나 참석했던 교회는 보수적인 성향이 강한 교단 소속이었는데 브레이크 댄스를 하는 사람들이 수련회에 등장했으니 문화충격이 컸을 것입니다.

그때 캠프에 참석했던 교회수가 적지 않았기에 캠프에 참석한 전도사님 한 분 한 분을 모두 설득하기는 어려웠습니다. 게다가 이미 공연이 끝난 후였기 때문에 어떻게 돌릴 수도 없는 일이었습니다. 그래서 그분께 양해를 구하고, 보수적으로 캠프를 이끌어 가겠다고 말하고 마지막까지 어렵게 마무리했습니다. 지금 생각하면 어이없고 말도 안 되는 일이지만 당시 기독교계에서는 문화를 보수적으로 보는 시각이 팽배했습니다.

제가 학생 때 교회에서는 드럼 사용하는 것을 놓고 많은 갈등이 있었습니다. 뿐만 아니라 여학생이 혼자 교회에서 기타를 치다가 목사님께 걸려 혼난 일이 있었습니다. 교회에서 기타를, 그것도 여학생이 혼자 친다는 것에 대해서 불쾌하셨던 모양입니다. 청소년사역의 현장에서는 지금도 이런 종류의 사건이 벌어지곤 합니다.

청소년문화는 하위문화로서 기존 문화와는 갈등적인 입장을 취하며 발전합니다. 그렇기 때문에 어른들의 입장에서는 이런 문화를 받아들이기 어려운 부분이 있습니다. 보수적인 교회에서는 이런 문화에 대한 수용이 더욱 어려웠을 것이라 생각합니다.

그러나 역사적으로 보면 교회가 부흥할 때는 그 당시 주류 사회보다 교회가 문화적으로 앞섰으며, 사회에 영향을 주었습니다. 100년 전 교회에서 심방 담당 여성 전도사들은 당시 시대적 상황에서는 상상하기 어려운 헤어스타일과 옷을 입었습니다.

20년 전을 생각하면 청소년의 문학의 밤, 여름 캠프, 크리스마스이브 파티 등 한국 사회에서는 없는 문화였습니다. 지금 교회는 어떤 부분에서 앞서 있을까요?

문화는 모양과 형식보다 내용이 더 중요합니다. 최근에 '비와이(Bewhy)'라는 청년이 유명세를 떨치는 것을 보면 격세지감을 느낍니다. 우리는 문화를 교회 안의 문화와 교회 밖의 것으로 나누어서는 안 됩니다. 하나님을 향해 있는 것과 그렇지 않은 것으로 구별해야 하는 것입니다.

PART 4

자아를

해석하는 틀

10

제가 누구인데 돌보십니까?

여러분은 어떤 공동체에 속해 있나요? 한 사람이 속한 공동체는 그 사람의 정체성을 이야기해 줍니다. 에릭 에릭슨이 말했듯이 청소년기에 가장 큰 삶의 과업은 '정체성 확립'입니다. 그러나 정체성 확립의 과정은 청소년기만 아니라 청소년기 이후에 겪기도 합니다.

인생에는 삶의 방향이 바뀌는 전환기가 있습니다. 예를 들어 결혼을 하거나, 자녀를 출산하거나, 은퇴를 하는 것은 모두 삶의 전환기입니다. 이러한 인생의 전환기에는 자신이 어디로 가야 할지를 모르기 때문에 인생의 나침반과 함께하는 사람들이 필요합니다.

"높고 크신 하나님, 영원히 사시며 그 이름이 거룩하신 분께서 말씀하셨다. 나는 높고 거룩한 곳에 산다. 그러나 나는 또한 마음이 슬프고 겸손한 사람

들과 함께 산다.”_이사야 57:15 (쉬운번역)

사람은 하나님과의 관계, 자연과의 관계, 그리고 주변 사람과의 관계를 통해 자아를 찾아갑니다. 인간은 독립적으로 존재하면서, 다른 이들과 연결되어 만들어집니다. 이것이 바로 존재의 역설입니다. 독특한 개인이 없다면 자아가 없는 것입니다. 그러나 중요한 것은 그 자아가 다른 이들과 연결되어야 한다는 점입니다. 즉 사람은 독립된 시공간이 필요하면서도 공동체와 연결되어 있어야 합니다.

“사람이 무엇이기에 주께서 그를 생각하시며 인자가 무엇이기에 주께서 그를 돌보시나이까”_시편 8:4

사람은 무엇일까요? 나는 무엇일까요? 모세도, 다윗도, 솔로몬도 자신의 정체성에 대해 하나님에게 질문합니다. 인류 역사상 어느 누구도 ‘자아의 신비’를 명확하게 설명할 수 없었습니다. 그렇기 때문에 자아에 대해 계속해서 하나님에게 묻는 것입니다. 저도 어릴 때 자아에 대해 고민을 한 경험이 있습니다.

고등학생 때 선생님께서 영어시험을 같이 채점하자고 부탁하였습니다. 그런데 저는 못하겠다고 선생님의 요청을 거절했습니다. 선생님께서는 제가 선생님의 부탁을 거절한 것에 대해 서운해하셨고, 이기적인 아이라고 비난하셨습니다. 제가 왜 선생님의 요청을 거절했는지 곰곰이 생각해 보았습니다.

당시 제게 채점은 공부를 잘하는 아이들의 특권 같았습니다. 선생님의 다섯 손가락 안에 들지 않는 학생인 저로서는 선생님의 제안이 과분했습니다. 선생님의 제안을 거절하면서 '제가 누구이기에 그 일을 하라고 하십니까?'라고 정체성에 대해 질문한 것입니다. 마치 하나님이 모세에게 이스라엘 백성의 지도자가 되라고 하셨을 때 모세가 보인 반응처럼 말입니다.

요즘 청소년 역시 낮은 자존감으로, 혹은 정체성이 확립되지 않은 상태에서 모세나 저같이 정체성에 대해 질문하는 모습을 종종 봅니다. 청년 중에는 자신의 삶이 사역을 따라가지 못한다면서 사역을 중단하기도 합니다.

우리는 늘 다윗의 노래같이 '내가 누구이기에 하나님께서 저를 생각하십니까?'라고 묻습니다. 분명히 하나님께서는 우리와 함께하신다고 답하셨습니다. 청소년지도자의 자아가 완벽하기 때문에 사역을 하고 청소년을 만나는 것이 아닙니다. 우리는 질그릇과도 같은데, 그 질그릇 속에 담긴 하나님의 은혜가 우리를 존귀하게 만듭니다. 우리가 자기 자신을 증명하는 것이 아니라 우리 안에 있는 존귀함이 우리를 말해 주는 것입니다. 이것이 지도자들이 늘 해야 하는 생각입니다.

11

진정한 자아로 만나기

자아를 찾는 과정에서 청소년은 여러 가면들을 써보며, 자신에게 가장 어울리는 가면을 찾아갑니다. 그렇게 선택한 가면이 자신이 아니라고 생각하면 그 가면을 벗어 자신의 민낯을 보여야 합니다. 그런데 그 민낯을 드러낼 용기가 없으면 항상 가면무도회 속에서 연기를 하는 배우로 살아갈 수밖에 없습니다.

제가 만난 이십 대 초반의 A라는 대학생도 이렇게 자아를 잃어버린 경험을 했습니다. 그는 첫째로 태어났으며 나이 차이가 많이 나는 동생이 있었습니다. 게다가 부모의 기대가 있었기 때문에 막내를 거의 키우다시피 하였습니다. 동생에게는 형이면서 아버지이기도 했습니다. 가족 내에서 이중직을 맡고 있었던 것입니다. 그의 부모님도 그런 아들의 역할에 대해 칭찬해주다 보니 이 청년은 부모의 말을 거역할 수도 없었습니다.

이런 관계는 가정에서만이 아니라 다른 사람과의 관계에서도 똑같이 나타났습니다. 그 청년은 다른 사람들이 어떤 요구를 할 때 거절하지 못했습니다. 교회에서는 이 청년에게 '착한 아이'라는 꼬리표를 붙이며 부담감을 가중시켰습니다. 그 청년은 더욱더 힘들어졌습니다. '착한 아이'는 본연의 자아가 아니었기 때문입니다. 그렇게 살다 보니 청년은 자신의 진정한 자아가 혼란스러웠습니다.

이럴 때 누군가 옆에서 가면을 벗어도 괜찮다고 이야기를 해주어야 합니다. 가면을 벗어야 진정한 자아를 찾을 수 있기 때문입니다. 그러나 안타깝게도 이 청년은 부모님의 기대가 자신의 정서에 내사(introjection)되어 큰 부담감에 억눌려 살아가고 있었습니다.

이 이야기는 여러분 주변의 이야기일 수도 있고, 어쩌면 여러분 자신의 이야기일 수도 있습니다. 〈가시나무새〉라는 노래에서도 나오듯이 우리 속엔 우리가 너무나도 많습니다. 그래서 우리는 본연의 자아를 찾는데 많은 어려움을 겪습니다.

기독교 교육의 잘못된 점 중 하나는 '성경이 ~하라고 했으니까 너도 ~해야 해'라고 아이들에게 주입하는 것입니다. 예를 들어 '너는 하나님의 사람이야'라고 하는 말은 참 좋은 말입니다. 이 말은 종종 율법을 강요할 때 쓰이기도 합니다. 어른을 통해 이런 말을 듣는다면 청소년들은 그 말을 내면화 합니다. 인정받기 위해 어른들이 요구한 규범을 따릅니다. 그렇게 다른 사람들이 요구한 자아를 따르다 보니 본연의 자아를 잃어버리고 이런 청소년은 나중에 어른이 되어서도 가면을 쓰고 다닙니다. 제가 청소년을 만나면 자주 하는 말이 있습니다.

"괜찮아, 네 잘못이 아니야."

이런 말을 들은 어떤 크리스천들은 다음과 같이 반박합니다.

"우리는 다 죄인인데 어떻게 잘못이 없습니까?"

하나님께서도 우리를 정죄하지 않으십니다. 예수님께서는 간음을 해 돌에 맞아 죽을 뻔한 여인에게 "괜찮아. 다시는 그런 죄를 짓지 마. 내가 너를 용서했어"라고 말씀하셨습니다. 예수님을 세 번이나 부인했던 베드로에게도 사실을 따지지 않으시고 "네가 나를 사랑하느냐?"고 물으셨습니다. 하나님께서는 우리에게도 다음과 같이 말씀하십니다.

"괜찮아. 네 잘못이 아니야. 나는 너를 사랑해."

그러나 안타깝게도 대부분의 어른은 이러한 따뜻한 말보다는 율법적으로 아이들을 정죄합니다. 청소년들이 율법에 자신을 끼워 맞추기 시작하면 가면을 쓰고 다니게 됩니다. 이런 아이들이 나중에 가면을 벗어보면 그 속에 있던 본연의 자아는 사라지고 없습니다.

순수하고 없어지지 않는 진정한 자아를 더 많이 알아간다는 것은 거짓자아에서 벗어나게 한다는 것을 깨닫게 되었다. 나 자신이나 어느 누구도 진정한 실체를 결코 파악하지 못했다. 오직 드러난 이미지만을 알 수 있었다.

그 이미지는 단편적이고 변형된 것이다. 그렇게 드러난 이미지는 '거짓 자아(personage)'이다. 왜곡되고 다양한 거짓자아의 이미지를 볼 때 어떻게 진정한 자아를 찾을 수 있을까? _폴 투르니에, 2014

폴 투르니에는 『인간이란 무엇인가』에서 진정한 자아와 거짓 자아를 이야기합니다. 거짓 자아란 단편적이고, 변형된 이미지의 자아를 말합니다. 대표적인 예가 연예인입니다. 많은 청소년은 TV에서만 보는 연예인의 겉모습을 보고 그들을 추종합니다. 그 연예인 안에 있는 진정한 자아를 감당할 힘이 없기 때문에 가면을 쓴 연예인에게만 관심을 갖습니다.

청소년이 다른 사람들과 관계 맺는 방법도 마찬가지입니다. 가면을 쓴 사람들에게 익숙해진 사람은 자신과 같이 가면을 쓴 사람들만 찾아다닙니다. 자신 또한 가면을 쓰고 민낯을 드러내지 않습니다. 이런 사람들은 가면을 쓴 사람들을 더욱 편하게 느낍니다. 자신의 깊은 자아를 나누려 하지 않는 것입니다.

청소년은 때때로 자신이 참여하는 청소년 프로그램에서 스스로를 보호하기 위해 쓰고 있던 가면을 벗어 버립니다. 가면은 진정한 자아를 발견할 때 사라집니다. 20년 이상 청소년사역을 진행해 오면서 이와 같은 경험을 한 청소년을 많이 보았습니다. 사춘기의 청소년이 하나님의 얼굴을 만나면서 자신의 거짓 자아를 버리는 것입니다. 청소년사역을 하는 분들도 대부분 이런 경험을 통해 하나님의 살아 계심을 느꼈을 것입니다.

우리는 청소년이 이러한 경험을 통해 진정한 자아를 찾았을 때 격려하고 지지해야 합니다. 이를 위해서는 그들의 자아를 발견하고, 우리 또한 교사로서의 가면이 아닌 진정한 자아로 청소년을 만나야 합니다. 물론 지도자가 모든 가면을 벗는다면 청소년들이 감당할 수 없을 것입니다. 그러기 때문에 진정한 자아로 청소년을 만나되 적절한 조절이 필요합니다.

12

자아 돌보기

청소년지도자도 청소년을 만나기 위해서는 본연의 자아가 아닌 가면을 벗고 자신의 자아를 돌보아야 합니다. 지도자가 자아를 돌보기 위해서는 몇 가지 필요한 것이 있습니다.

첫 번째는 언제든지 상의할 수 있는 멘토, 친구, 공동체가 필요합니다. 제 경험으로는 청소년사역 현장에서 혼자 독불장군인 지도자의 경우 마치 바람에 나는 겨와 같이 얼마 지나지 않아 사라졌습니다. 청소년지도자는 다른 지도자들, 그리고 멘토와 함께 가야 합니다.

두 번째는 자신을 돌볼 시간이 필요합니다. 우리는 시간관리를 어떻게 해야 할지 생각해야 합니다. 제가 생각하는 건강한 시간관리란 8시간을 자고, 8시간을 일하고, 남은 8시간은 자기개발과 취미를 위해 사는 것입니다. 저만 해도 이렇게 살기는 쉽지 않습니다. 특히 목회자에게는 자기개발을 할 시간이 거의 없고, 타인을 위해 자신의 시간을 모두 내어줍니다. 지도자가 이렇게 살다 보면 탈진하게 됩니다.

시간과 공간에 대한 자기경계가 없다면 자신의 시공간을 관리하지 못할 뿐만 아니라 타인의 시공간을 침범하거나, 타인에 의해 자신의 시공간을 침범 당합니다. 지도하는 청소년이 이러한 경계가 형성되어 있지 않았다면 지도자는 밤늦게 또는 새벽까지 쉴 수 없게 될 것입니다.

세 번째는 건강한 재정관리가 필요합니다. 물론 하나님이 우리를 먹여 살리실 것이라는 믿음은 중요합니다. 그러나 우리는 이 땅에서 필요한 것을 위해 재정을 관리해야 합니다. 성경에 가장 많이 등장하는 단어가 '돈'입니다. 왜 성경에 그토록 돈에 대해 자주 언급할까요? 그 해답은 돈이 중요하기 때문입니다.『그리스도인의 재정원칙』(예수전도단)을 참고하기 바랍니다.

네 번째는 성에 관한 가치관을 정립해야 합니다. 성적인 문제에 대해 얼마나 만족하고 있는지, 이러한 욕구를 어떻게 해결해야 하는지를 고민해야 합니다. 우리가 예수님을 믿고 성적인 욕구가 단번에 해결된다는 것은 거짓말입니다. 나이가 들면 성욕이 떨어진다는 것도 거짓말입니다. 물론 기능은 떨어질 수 있지만, 뇌가 본능적으로 원하는 욕구가 있기 때문에 70대 노인이 되어도 성욕은 똑같습니다.

지도자도 마찬가지입니다. 아무리 지도자이고, 결혼을 했다고 하더라도 아름다운 이성을 보면 성에 대한 욕구가 살아나게 됩니다. 이러한 욕구를 다스리기 위해서는 가정을 잘 지켜야 합니다. 그 가운데 배우자와의 관계를 통해 성적인 경계가 잘 형성되어야 합니다. (이에 관해서는 PART 6에서 더 자세히 살펴보겠습니다.)

마지막으로 책임의 경계를 설정해야 합니다. 우리는 자아를 돌보기 위해 사역에서 어디까지가 나의 책임인지 생각해야 합니다. 모든 게 나 때문이라는 생각, 혹은 내가 주인공이라는 생각은 모두 자기중심적인 사고입니다. 모든 것을 자기 책임으로 돌리면 죄책감에 빠집니다. 우리는 이러한 사고에서 벗어나 '괜찮아. 내 잘못이 아니야'라고 생각할 수 있어야 합니다. 영어단어 'selfish'는 이기적인 것이고 'selfless'는 자아가 없는 것입니다. 저는 'selfish'보다 더 위험한 것이 'selfless'라고 생각합니다.

교사든지 전도사든지 목사든지 우리에게는 항상 힘들 때가 있습니다. 청소년지도자가 자신이 예수님처럼 모든 것을 다 내어줄 수 있다고 생각할 때입니다. 잘못된 생각입니다. 우리는 예수님이 아니고, 그렇게 하지도 못합니다. 잘못하면 우리의 자아가 사라지는 'selfless'의 상태가 될 수 있습니다. 그렇다고 지도자로서 무조건 이기적일 수도 없는 노릇입니다. 우리가 청소년지도자로서 부르심을 받았다면 'selfish'와 'selfless' 사이의 좁은 길, 좁은 문을 가야 합니다. 그것이 내가 누구인지를 분명히 하는 지도자의 길입니다.

부정적인 청소년지도자에게

나는 왜 이 사역(청소년사역)을 하고 있는가? 이 질문은 나로 하여금 스스로 질문하고, 평가하고, 숙고하게 하였다. 나는 다음과 같은 질문과 씨름을 하고 있었다. 청소년사역에서 하나님을 섬기고 있는가? 단지 나보다 청소년들의 상태나 열정을 좋아하고 있지는 않는가? 단지 다른 사람이 원하지 않는 직업을 선택한 것인가? 청소년들에게 인기를 얻고자 하는 숨겨진 욕망이 청소년사역을 하게 하는가? _폴 보드윅, 1990

이 질문은 우리의 이야기와 같습니다. 청소년지도자는 먼저 예수님을 신뢰해야 합니다. 이것이 가장 우선되는 지도자의 정체성입니다. 사역을 해도 예수님 믿으며 확신을 가져야 합니다. 그래야 버틸 수 있고, 사역이 커져도 교만하지 않습니다. 이 같은 질문에 대해 확실히 답을 찾지 못하면 부정적인 지도자의 모습을 보이게 됩니다.

부정적인 청소년지도자의 유형은 몇 가지로 나눌 수 있습니다.

먼저 성인으로서의 역할에 대해 부담을 갖는 청소년지도자입니다. 성인의 역할이란 다른 성인들을 만나고 사회 속에서 관계를 맺어가며 권한과 책임을 갖고 살아가는 것을 의미합니다. 사회에서 자신의 위치를 인정받지 못한 경우에 사역 현장에서, 청소년들 앞에서 가면을 쓰고 대장 노릇을 하기도 합니다. 이런 지도자는 어른을 만나기 힘들어하는 자아를 가지고 있습니다. 그러다 보니 청소년들과 어울리며 리더 역할을 하려고 합니다. 건강한 모습이 아닙니다.

　두 번째 유형은 학창시절에 실패한 경험을 되돌리기 위해 청소년사역을 하는 청소년지도자입니다. 이 유형은 지도자 자신이 청소년기에 학교폭력 등 어려움을 겪으며 성취의 경험이 없기 때문에 사역을 통해 성취하려는 경우입니다. 이 유형 중에는 약한 청소년의 편을 들어주면서 청소년과 자신을 동일시하기도 합니다. 이 경우에도 청소년들과 건강한 관계를 형성하는데 문제가 발생합니다.

　세 번째는 장년사역을 위해 일시적 단계로 다음세대 사역을 하는 이도 있습니다. 이런 경우가 많았습니다. 몇 년 전만 해도 청소년지도자는 은퇴할 때까지 청소년사역을 해야 한다고 생각하지 않았고, 대부분 신학생이 공부하는 내용은 담임목사가 되기 위한 과정이었습니다. 그러다 보니 신학생은 교육에 대해 제대로 알지 못했습니다.

　이렇게 교육을 모르는 이들이 교회 교육부서의 담당자로 사역하다 보니 문제가 발생합니다. 교육을 도외시 하고 신학만을 공부한 전도사들은 간혹 다양한 청소년사역의 접근을 배제하면서 '본질에 충실해야 한다(?)'고 주장하기도 합니다.

　마지막으로 연예인을 흉내 내는 지도자도 있습니다. 청소년지도자뿐만 아니라 말씀지도자, 문화사역자 중에도 이런 경우가 있기도 합니다. 제가 만난 지도자 중에는 강의하러 다니는 교회에 비싼 강의료를 요구하기도 했습니다. 그런데 우연히 그 강의를 들어 보니 신변잡기에 관한 재미있는 이야기였고, 그분이 전하고자 하는 복음의 메시지를 찾지 못했습니다. 대중매체를 통해 그분은 유명해졌고, 그 유명세에 의해 무언가를 하고 있었습니다. 이런 경우 진정한 지도자라고 할 수 없을 것입니다.

청소년지도자의 자아 돌보기의 첫 시작은 '나는 왜 이 사역을 하고 있나?'라고 질문하는 것입니다. 자신이 맡은 사역이 하나님의 부르심이라면 끝까지 버티는 것이 맞습니다. 그것이 아니라면 사역에 대해 다시 생각할 필요가 있습니다.

피기 전에 떨어진 꽃

저의 청소년사역은 출신 교회에서 시작되었습니다. 그때 청소년을 전도하기 위해 할 수 있는 일을 찾던 중, 사역지 근처 운동장에 모여 있는 청소년들을 발견했습니다. 매주 토요일마다 그들을 찾아갔습니다. 제가 좋아하는 축구를 하며 그 아이들과 친해졌고, 그들을 토요일 오후마다 교회로 불러들이기 시작했습니다. 이를 계기로 동네의 소외되었던 청소년들이 교회로 모이기 시작했습니다.

그러던 어느 날, 맑은 웃음이 매력적인 A라는 청소년이 사고로 사망한 소식을 들었습니다. 주일 예배를 마치고 집으로 가는데 그 소식을 전하려고 한 친구가 교회로 달려왔습니다. 그 친구의 말에 따르면, 전날 오후에 A라는 친구가 다른 친구들과 함께 한강변으로 놀러 가는 길에 철로를 건너다 사고를 당했다고 말해주었습니다. 그 당시 20대 후반이었던 제가 할 수 있는 일이 많지 않았습니다. 장례식장에 찾아갔고, 마지막까지 A가 가는 길을 함께 지켜보았습니다. 그런데 문제는 그 다음부터였습니다.

토요일 사고가 난 시간은 제가 교회에 아이들을 모아서 성경공부를 하고 간식을 제공하는 시간이었습니다. 누가 시켜서 한 것도 아닌데 그 시간이 저에게는 큰 의미가 있었습니다. 이 시간에 보이지 않는 아이가 있으면 이들에게 전화를 했고, 통화가 안 되면 오토바이를 타고 이들을 찾으러 다녔습니다. 그런데 A가 사고를 당한 그날은 춥기도 했고, 저는 '오겠지'라는 생각을 하며 그 아이를 찾으러 다니지 않았습니다.

장례식 이후에 정서적 트라우마가 생겼습니다. 나 때문에 그 친구가 죽었다는 자책을 하게 되었습니다. 한동안 청소년사역을 내려놓아야 하나 하고 생각했습니다. 청소년을 만나는 것이 몹시 큰 무게로 다가왔습니다. 그 무게를 견디기가 힘들었습니다. 그때 선교회 일을 잠시 내려놓은 경험이 있습니다.

제가 교육학을 공부하면서 자아 분석을 통해 찾아낸 가장 소중한 말은 "괜찮아, 내 잘못이 아니야"입니다. 물론 책임을 회피하겠다는 의미는 아닙니다. 그러나 저의 성장기 환경과 경험은 저로 하여금 스스로 삶을 통제해야 하며 그렇지 못했을 경우 무한한 책임을 느끼곤 했습니다. 지도자가 되어도 이러한 생각은 떠나지 않았습니다.

사고로 죽은 A라는 친구 사건뿐만 아니라 그후 청소년이 교회를 떠나면 제 잘못인 것 같았습니다. 제가 기도를 제대로 하지 못해 일어난 일인 것만 같았습니다. 제가 맡은 청소년부서가 부흥하지 못해도 제가 영성이 부족한 탓이라고 생각했습니다. 사역뿐만 아니라 개인적인 일을 이렇게 해석해야 해서 참 힘들게 살았습니다.

청소년 캠프를 하다가 복통으로 쓰러져 응급실로 실려 가기도 했고, 선교회 여름사역을 준비하기 위해 며칠씩 집에 들어가지 않고 밤새워 일을 하기도 했습니다. 지도자가 모든 것을 통제하고 책임져야 한다는 생각은 저를 쉬지 못하게 했고, 쓰러질 때까지 일하게 했습니다. 그리고 교회와 선교회는 이런 저에게 '괜찮다'는 말보다 '잘한다'는 말로 더 열심히 일하도록 했습니다.

하나님은 지도자의 행위가 아닌 존재를 사랑하십니다. 이를 제 마음에 새기고 난 후 존재 자체로 아름다운 자아를 느끼게 되었고, 제 자신을 용서할 수 있었습니다. 이제는 다른 지도자들에게도 이렇게 말합니다.

"잘 하고 있는지는 모르지만 자라고(성장하고) 있어."

PART 5

생태계 알아야

청소년이 보인다

13

청소년 지도의 생태학적 접근

인간의 자아는 공동체 안에서 설명됩니다. 같은 맥락에서 인간은 자동적으로 성장하는 것이 아니라 다른 사람 혹은 환경과의 관계 속에서 성장합니다. 과학적인 연구결과를 보면 사람은 다른 사람과 연결되며 발전합니다. '사람은 사람으로 말미암아 사람이 된다'는 말도 사람과 연결되어야 한다는 말과 일맥상통합니다. 이것이 바로 생태학적 접근입니다. 생태학적 접근이라는 표현이 다소 생소할 수 있을 것입니다.

'식물생태학'이라는 학문이 있습니다. 이는 식물이 어떻게 자라는 지를 연구하기 위해 그 식물이 자라나는 환경인 숲을 연구합니다. '동물생태학' 역시 연구하고자 하는 동물과 그 주변 동물과의 관계인 먹이사슬, 먹이그물 등을 연구하는 것입니다. 늑대는 늑대 혼자 성장할 수 없습니다. 늑대의 먹이인 토끼, 양 등 초식동물이 있어야 하고, 그 초식

동물이 자라려면 풀이 있어야 합니다. 사람이 늑대를 남획한다면 초식
동물의 개체수가 급격히 늘어나 생태계에 혼란이 올 것입니다. 이처럼
자연은 다른 개체와의 관계를 통해 성장합니다. 인간도 마찬가지입니
다. 사람도 다른 사람과 연결되어 존재하고, 또 의미를 찾으며 존재합
니다.

유리 브론펜브레너(2006)는 이 같은 생태학적 접근을 통해 인간을
연구했습니다. 그의 연구에 따르면, 개인은 가족, 동료, 학교, 교회, 공
공의료 서비스 등 미시체계와의 관계를 갖고 상호작용하며 성장합니
다. 병원에서 진찰을 받거나 상담할 때 개인의 성별, 연령, 건강 등 개
인적인 요소가 중요하게 작용합니다. 개인의 요소를 좀 더 넓게 본다고
해도 가족 정도에서 그치게 됩니다. 개인의 건강, 발전 가능성 등을 제
대로 보려면 개인뿐만 아니라 개인을 둘러싸고 있는 교회, 가족, 친구
등 미시체계 전체를 살펴보아야 합니다.

혹시 한 사람이 교회, 가족, 친구와 떨어져 있다면 가지가 나무와 떨
어져 있는 것과 같아서 그는 정서적인 생명을 잃게 될 것입니다. 미시
체계보다 더 큰 범위는 산업, 대중매체, 지역정치, 이웃, 사회복지 서비
스 등 외체계입니다. 외체계와 미시체계의 사이에 이를 연결하는 중간
체계가 있습니다. 중간체계는 둘 이상의 환경을 의미합니다. 즉 교회와
가정과의 관계, 가정과 학교와의 관계 등을 말합니다. 그리고 외체계는
문화적 태도와 이념에 해당하는 거시체계에 둘러싸여 있습니다.

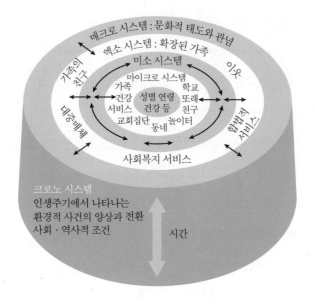

이 모든 체계는 '시간'이라는 거대한 체계 안에서 연결되어 구조적으로 상호작용을 합니다. 따라서 개인생태학에서 개인을 알기 위해서는 개인뿐 아니라 미시체계, 중간체계, 외체계, 거시체계, 시간체계를 함께 보아야 합니다. 개인이 건강하기 위해 언급된 다섯 가지 체계 역시 건강해야 합니다. 이 체계들이 건강하지 않다면 개인에게 좋지 않은 영향을 미치게 됩니다.

분석하고 파악하기

한 사람을 이해하기 위해 이렇게 시스템적 사고와 비판적 사고를 해야 합니다. 문제 있는 청소년에게는 문제 있는 가정이 있고, 문제 있는 가정에는 문제 있는 사회가 있는 것입니다. 청소년을 변화시켜야 한다면 제도의 변화, 교회의 변화가 절대적으로 필요합니다. 더욱 중요한 것은 이 모든 체계를 만든 분은 하나님이라는 사실입니다. 하나님께서 체계적으로 인간발달에 개입하십니다.

청소년은 가족과 공동체에서 성장의 토양을 얻습니다. 그러나 청소년기에는 미시체계 중 하나인 부모를 보충할 수 있는 성인 모델이 필요합니다. 청소년은 자아, 결혼, 친구 등과 같은 주제로 성인 모델과 대화하고 싶어합니다. 청소년에게는 부모에게 이야기하지 못할 때 자신의 이야기를 할 수 있을 멘토가 필요한 것입니다.

그러나 이때 멘토는 단순히 재미있는 친구와 같은 멘토가 아닙니다. 물론 그렇다고 너무 이원론적인 생각을 가진 멘토를 필요로 하는 것도 아닙니다. 청소년에게는 자신의 이야기를 진지하게 들어주고 지혜를 구할 수 있는 멘토가 필요합니다.

교육심리학에서 '모든 것이 부모의 문제다'라는 생각이 유행입니다. 교회에서도 '문제아는 없고 문제 부모만 있습니다'라는 플래카드를 걸기도 합니다. 우리의 사고는 여기에서 그치면 안 됩니다. 물론 부모가 문제일 수 있습니다. 하지만 이 사고는 너무 미시적입니다. 부모는 역기능적인 사회구조의 일부이고, 우리 사회 부모의 문제는 사회의 문제에서 비롯되었다는 것을 기억해야 합니다.

산업사회에서 부모의 역할은 현저하게 줄어들었습니다. 산업사회가 도래한 후 직장생활로 인한 부모의 부재는 아이들이 부모와 함께하는 시간을 빼앗아 버렸습니다. 가정의 문제는 사회의 변화와 문제에서 비롯되었습니다. 그렇기 때문에 우리는 청소년사역을 하기 위해 개인을 이해하는 심리학적인 접근과 사회를 이해하는 사회학적 접근을 접목시킬 수 있어야 합니다. 미시적인 시각도 필요하지만, 거시적인 시각으로 세상을 바라볼 수 있어야 청소년의 진정한 문제 원인을 찾을 수 있습니다.

안타깝게 대다수의 청소년지도자는 사회에서 일어나는 구조적인 어려움을 알아차리지 못합니다. 그러다 보니 모든 문제를 개인의 문제라고 이해합니다. 청소년지도자는 사회의 문제를 볼 수 있는 눈이 필요합니다. 따라서 지도자는 청소년의 부모를 만나고 위로하며 진정한 문제의 원인을 함께 찾아야 합니다. 21세기에는 이같이 체계를 분석하고 파악할 수 있는 청소년지도자를 계속해서 요구할 것입니다.

14

청소년과 가정

"예수께서 대답하여 이르시되 사람을 지으신 이가 본래 그들을 남자와 여자로 지으시고 말씀하시기를 그러므로 사람이 그 부모를 떠나서 아내에게 합하여 그 둘이 한 몸이 될지니라 하신 것을 읽지 못하였느냐"_마태복음 19:4~5

가정은 부부의 연합을 통해 만들어집니다. 우리나라의 역사를 보면 성리학 등의 유교적인 세계관 때문에 한국은 가부장적인 사회가 되었습니다. 이 때문에 유익도 있었지만 많은 문제가 있었습니다. 여러분은 '칠거지악七去之惡'이라는 말을 들어 보셨나요? 가정에서 아내를 내쫓을 수 있는 일곱 가지 이유는 다음과 같습니다.

- 시부모를 잘 섬기지 못하는 것
- 아들을 낳지 못하는 것

- 부정한 행위

- 질투

- 나병이나 간질 등 유전병

- 말이 많은 것

- 훔치는 것

성경적인 관점에서 이런 사고는 문제가 있습니다. 앞의 말씀에 나오듯이 가정을 시작하기 위해서는 부모를 떠나 부부가 연합해야 하는데, 유교적인 세계관은 남녀가 결혼한다고 해도 부모와 제대로 분리되지 않습니다.

"나는 다른 것은 다 참아도 우리 부모한테 못하는 것은 못 참아!"

이렇게 얘기하는 분은 위험합니다. 그렇게 이야기를 한다는 것은 부모를 떠나지 못했다는 것을 의미합니다.

"이러므로 너희는 나의 이 말을 너희의 마음과 뜻에 두고 (…) 또 그것을 너희의 자녀에게 가르치며 집에 앉아 있을 때에든지, 길을 갈 때에든지(…) 이 말씀을 강론하고"_신명기 11:18~19

이것이 바로 가정이 해야 할 중요한 역할입니다. 그러나 성경에는 건강한 가정이 많지 않았습니다. 최초의 인간인 아담과 하와의 가정이 건강했나요? 아닙니다. 그들은 자녀교육에 실패했습니다. 그렇다면 아브라함의 가정이 건강했나요? 아닙니다. 아브라함은 첩을 두어 이스마엘을 낳았습니다. 이삭의 가정도 마찬가지입니다. 이삭은 수동적인 아버지의 역할을 했기 때문에 자녀를 편애했고, 그로 인해 아내 리브가와 의견충돌이 있었습니다. 야곱의 가정도 그렇습니다. 야곱은 열두 명의 아들 중 자신이 사랑한 아내 라헬의 자녀 요셉만 편애했습니다. 편애가 원인이 되어 형들에 의해 요셉은 노예로 팔려갑니다.

예수님의 가정은 어떠했을까요? 고고학적으로 예수님이 탄생한 시기에는 요셉의 나이가 사십대였고, 마리아는 십대였다고 합니다. 당시 배경을 보면 요즘 나이로 요셉이 환갑 즈음 예수님이 태어난 셈이지요. 그래서 요셉은 예수님이 어렸을 때 죽었고, 예수님의 형제들도 이복형제들이었습니다. 또한 어머니 마리아를 비롯해 형제들은 예수님의 사역을 이해하지 못합니다.

"많은 친구를 얻는 자는 해를 당하게 되거니와 어떤 친구는 형제보다 친밀하니라"_잠언 18:24

성경에서 가정보다 친구를 중요시하는 내용이 종종 나옵니다. 위의 예시같이 깨진 가정, 건강하지 않은 가정이 많다 보니 성경은 가족보다 친구를 강조하고 있습니다. 이를테면 다윗과 요나단이라던가, 바울과 디모데, 예수님과 열두 제자, 열두 제자 사이의 친구들 등 친구들 사이의 우정이 강조됩니다.

결혼은 영육혼의 결합

청소년사역의 중심인 가정의 시작은 결혼입니다. 결혼에 대해 좀
더 자세히 살펴보겠습니다. 결혼은 삼위일체 하나님의 관계의 신비에
서 시작되었습니다. 삼위일체 하나님께서 상호 경청, 상호 존중을 통해
상호 내주(Pericoresis) 하셨습니다(정성욱, 2013).

하나님은 창조 때부터 사람이 혼자 있는 것에 대해 부정적이셨습니
다. 하나님께서는 아담이 혼자 있는 것을 좋지 않게 보셔서 하와를 만
드시고 남녀를 관계 속에 두셨습니다. 남녀 간의 관계에는 남자와 여
자만 있는 것이 아니라 그 사이에 하나님이 있습니다. 마치 삼위일체의
관계와 같은 것입니다. 이것이 가장 안정된 관계의 구조입니다.

"하나님은 남자가 부모를 떠나서 그의 아내와 합하여 둘이 한 몸을 이룰지
로다"_창세기 2:24

연합이 결혼에 있어 가장 중요한 개념입니다. 그렇기 때문에 부모
와 분리하지 않고 원가족을 강조한 유교문화가 문제가 되는 것입니다.

결혼은 마치 수도원 생활이다. (…) 하나님 나라의 상징이다. 이러한 결혼

은 그 자체로 위대한 신비이고, 예수 그리스도 안에 구속받은 사람(남과 여)의 연합을 의미하는 더 위대한 신비를 나타낸다. _성 크리소스톰, 1986

동방 기독교를 대표하는 성 크리소스톰은 이와 같이 결혼의 중요성을 역설하였습니다. 기독교 초기에도 그만큼 결혼을 중요하게 생각했습니다. 서방 기독교를 대표하는 성 어거스틴은 동방교회의 '황금입(golden-mouthed)'이라는 크리소스톰보다 젊었습니다. 성 어거스틴은 『결혼의 위대함』에서 결혼이 유익한 세 가지 이유를 밝힙니다. 이는 자녀의 출산, 배우자와의 신뢰, 신성한 목적이 그것입니다.

결혼생활의 성적인 관계는 서로의 신뢰를 지켜주는데 도움이 되는 것이다. 성은 배우자를 위해서 있는 것이다. 배우자의 성적인 만족에 집중하는 것은 성적인 부정으로부터 자유롭게 한다. _성 어거스틴, 레이 엔더슨, 1985

성 어거스틴 이후에 가톨릭에서는 결혼을 하지 않는 신부가 등장했습니다. 물론 바울과 같이 사역을 위해서 혼자된 사람도 있습니다. 그런데 가톨릭의 경우처럼 율법으로 규정해서 혼자 사는 것은 원래 하나님께서 우리에게 바라신 것과 거리가 있습니다.

결혼은 남편과 아내의 영과 육과 혼의 결합입니다. 결혼의 목적은 다음과 같습니다(레이 엔더슨, 1985).

- 서로의 기쁨을 위해서
- 번영과 역경의 상황에서 서로에게 안정과 도움을 주기 위해서
- 하나님의 사랑과 믿음 안에서 자녀의 출산과 양육을 위해서

목사의 아들을 줄여서 '목아', 목사의 딸은 '목딸'이라고 부르는데, 많은 목회자 자녀들은 부담을 안고 살아갑니다. 많은 목회자들이 젊었을 때 사역을 시작하는데 이들은 가정보다 교회가 먼저였습니다. 그러다 보니 가정의 경계가 없었고, 그 결과 자녀에게 문제가 생기기 시작한 것입니다. 성도들 또한 목회자를 어항 속의 물고기를 관찰하듯이 지켜보면서 더 많은 기대를 합니다. 이는 목회자에게 완벽할 것을 요구하며 가면을 쓰라고 하는 것입니다.

이러한 요구는 목회자에서 그치는 것이 아니라 목회자의 자녀에게도 이어집니다. 그러다 보니 목회자 자녀 중에는 교회에 나가지 않는 경우도 있습니다. 자녀들이 제대로 성장하기 위해서는 가정이 건강해야 합니다. 건강한 가정의 경계가 있고, 하나님의 사랑 안에서 또 부모의 충분한 사랑 안에서 아이들을 양육할 때, 건강한 가정을 형성할 수 있습니다.

부모의 양육태도 4가지

청소년에게 영향을 주는 부모에 대해 살펴보겠습니다. 부모의 양육태도는 아이들의 정서와 삶의 태도를 결정합니다. 미네소타대학교에

서 부모의 양육태도를 측정하는 도구를 개발했습니다. 부모의 양육태도는 통제의 높낮이와 민감성의 정도에 따라 2개의 축을 사용하였습니다. 이 축에 따라 부모의 양육태도는 4가지로 나누어집니다.

첫째, 통제를 많이 하고 자녀의 정서에 민감한 부모는 '지배형'입니다. 이 경우 자녀는 부모의 정서적 안정감에서 빠져나오지 못합니다. 우리가 말하는 자유는 '선택과 책임의 자유'입니다. 그런데 지배형 부모는 자녀의 모든 것을 사사건건 관리하려고 해서 자녀에게 선택권을 주지 않습니다. 이러한 부모 밑에 자란 아이들은 경직되어 있습니다. 자녀에 관해 민감하게 반응하고 소통하지만 결과적으로 부모 자신이 지배하는 양육태도입니다.

두 번째, 통제를 적게 하고 자녀의 정서에 민감한 부모는 '관대형'입니다. 지배형 부모 밑에서 살아온 자녀는 부모가 되면 대부분 관대형이거나 방임형입니다. 또 방임형 부모 밑에서 자란 자녀는 관대형 부모가 되기도 합니다. 어린 시절 자신을 통제한 부모의 양육태도를 따르지 않기 위해 자녀를 통제하지 않고 스스로 하게 합니다. 그렇지만 자녀에게 민감하게 반응을 하지 않는다면 방임일 수 있습니다.

셋째, 통제를 많이 하고 자녀의 정서에 민감하지 않은 부모는 '독재형'입니다. 이러한 양육태도의 부모는 자녀의 정서적 상태나 반응에 관계없이 자녀를 통제하려고 합니다. 통제에 따르지 않는 자녀에게는 죄의식을 주기도 합니다. 이런 부모는 청소년기의 반항하는 자녀에게 분노합니다. 자녀 역시 부모의 분노를 피하기 위해 거절하지 않는 예스맨(Yes-man)이 되거나 수동적이거나 공격적인 성향을 갖습니다.

　마지막으로 통제를 적게 하고 자녀의 정서에 민감하지 않은 부모는 방임형입니다. 이러한 부모 밑에서 자란 자녀는 어릴 때부터 불안해합니다. 물론 아이들과 부모의 성향, 아이들의 연령에 따라 달라서 어떤 것이 옳고 어떤 것이 그르다고 판단하기 어렵습니다. 그런데 많은 경우 지배형과 방임형 부모의 가정에서 자녀 문제가 발생합니다.

가족이 주는 단단한 자존감

　『가족』의 저자 발스위크 부부(2007)는 기독교적 관점에서 가족을 바라봅니다. 발스위크 부부는 사회학과 성경적 통찰력으로 가족의 비선형적, 비계층적 모델을 개발하였습니다. 가족은 수직관계가 아니라 수평관계를 통해 만들어진다고 주장하며, 결혼을 위한 네 가지 신성한 목적인 언약, 은혜, 권한, 친밀한 상호작용을 강조합니다. 이 중 어느 하나가 결여되면 가정에 문제가 생기기 때문에 저자는 네 가지의 상호작용이 중요하다고 말합니다.

　우리가 문자적으로 '가족'이라고 할 때 (중략) 우리 시대는 사회과학적 연구, 치료적 통찰, 성경적 진리에 근거한 가정에 관한 종합적 관점을 말한다. (중략) 이 책의 새로운 판에서는 최근 연구와 데이터를 바탕으로 '가족의 영눈여겨 봐야 할 것은 저자가 새롭게 삼위일체 신학의 관계에 초점을 맞추어 가정을 바라보았다는 것입니다. 여기서 삼위일체의 관계란 앞서 말했던 상호내주를 말합니다. 이 방식은 주기도문에 나오는 하늘에서 이루어진 그 뜻입니다. 그 뜻이 이 땅에서 이루어지는 방식은 바로 삼위 일체의 관계가 우리의 가정 안에 임하는 방식인 것입니다. 이는 요한의 삼위일체 신학에 가깝다고 할 수 있습니다.

존 브래드쇼(2006)의 『가족』도 '가족'을 주제로 다루고 있습니다. 이 책 은 우리나라에서 기독교 상담심리를 하는 분들의 필독서일 만큼 중요한 책입니다. 존 브래드쇼(2008)는 코프먼의 '수치심 이론'을 가져와서 어떻 게 사람들이 수치심을 갖게 되고, 자신의 내면에 낮은 자존감을 가진 내 면아이를 만드는지, 이 내면아이를 어떻게 키워야 할지를 설명합니다.

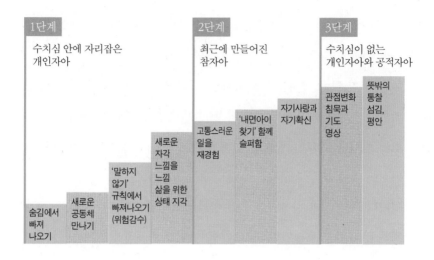

| 1단계 | | | | 2단계 | | | 3단계 | |
| 수치심 안에 자리잡은 개인자아 | | | | 최근에 만들어진 참자아 | | | 수치심이 없는 개인자아와 공적자아 | |

- 1단계: 숨김에서 빠져나오기 / 새로운 공동체 만나기 / '말하지 않기' 규칙에서 빠져나오기 (위험감수) / 새로운 자각 느낌을 느낌 삶을 위한 상태 지각
- 2단계: 고통스러운 일을 재경험 / '내면아이 찾기' 함께 슬퍼함 / 자기사랑과 자기확신
- 3단계: 관점변화 침묵과 기도 명상 / 뜻밖의 통찰 섬김, 평안

수치심은 영혼의 병이다. 이것이 모멸감 또는 굴욕감에서 느낀 것이든, 난관에 성공적으로 대처하지 못했다는 실패감에서 느낀 것이든 간에 다른 사람이 아닌 자기 스스로에 의해 경험하게 되는 가장 쓰라린 경험이다. 수치심은 내면에서 느끼는 상처로 우리를 자기 자신과 타인 모두에게서 분리시킨다. 게르센 코프먼, 존 브래드쇼, 2008

부모가 서로 싸우고 아버지가 어머니를 못살게 구는 경우, 어머니는 자녀에게 말합니다.

"내가 네 아빠에게 맞는 것 봤지? 내가 이걸 견디는 이유는 다 너희들 때문이야."

아버지도 이렇게 말합니다.

"내가 말이야, 직장에서 열심히 일하고 매일 버텨내는데 집안 꼴 좀 봐라. 애들도 말을 안 듣고, 마누라는 맨날 저러고…."

이러한 말은 아이들에게 수치심을 줍니다. 자신 때문에 문제가 발생한다는 생각을 하게 되는 것이지요. 이 수치심은 자녀에게 정서적인 병이 됩니다. 부모가 싸워도, 동생이 다쳐도, 집안사정이 좋지 않아도, 자신이 속한 교회에 문제가 생겨도 모두 자신 때문이라는 생각을 하게 됩니다. 수치심이 자아중심성 안에 들어오면 내면의 어린아이가 성장하지 않기 때문에 성인이 되어도 내면아이가 존재하게 됩니다. 이 내면아이가 치유되기 위해 몇 가지 단계를 거쳐야 합니다.

1단계는 수치심이 자리잡은 개인자아가 있습니다. 이 어린 자아는 밖에서 성인으로서 역할 모델을 하는 모습에도 영향을 미칩니다. 존 브래드쇼에 따르면, 이러한 자아를 가진 가족을 치료하기 위해서 먼저 말하지 않는 규칙에서 빠져나와야 합니다. 많은 가정에는 '밖에서는 이런 이야기하는 거 아니야'라는 말을 통해 만들어진 '말하지 않기 규칙'이 있습니다. 이들은 이러한 규칙으로 인해 가족이나 기존에 속했던 공동체에 말하지 못하는 것들이 생깁니다.

따라서 이들에게는 그들을 받아줄 새롭고 안정된 공동체, 어떤 이야기를 해도 자신을 위로할 공동체가 필요합니다. 이런 공동체 안에서 '말하지 않기 규칙'을 벗어나 새로운 자각을 해야 합니다. 이것이 존 브래드쇼가 말하는 치유의 1단계입니다. 대부분의 상담이 이 1단계에서 멈춥니다. 수치심 때문에 자리잡은 내면의 자아를 말할 수 있는 정도로만 그치는 것입니다. 물론 그것만으로도 큰 발전이라고 할 수 있습니다. 그러나 여기서 멈추면 다시 원래의 상태로 돌아가려고 합니다.

2단계는 내면아이가 밖으로 나오고 참자아를 형성하는 단계입니다. 2단계에서 우리는 고통스러운 일을 재경험합니다. 우리의 어린 자아를 지하실에 넣어 두고 문을 잠근다고 해도 어린 자아는 사라지지 않습니다. 그 고통스러움을 떠나보내기 위해서는 재경험을 통해 과거를 다시 해석해야 합니다. 이때 재경험이란 그 고통스러운 일이 다시 일어나는 것이 아니라, 과거 사건(일)을 떠올리고 그 고통을 직면하고 해석하는 것입니다. 이를 통해 내면아이를 바라보고, 내면아이와 함께 슬퍼하는 것입니다.

윌리엄 폴 영의 『오두막』에서도 이야기하듯이 이 과정에서 우리는 그런 고통스러운 일을 당할 때 하나님께서 어디에 계셨는지를 물어야 합니다. 원망의 기도라도 계속해서 하나님에게 물어야 합니다. 우리가 과거를 돌아볼 때 우리의 시야를 조금 더 넓히거나 주위를 둘러본다면 우리의 내면아이 옆에서 함께 슬퍼하고 계시는 하나님을 발견하게 될 것입니다. 이를 통해 우리 자신을 용서하고 사랑하게 됩니다.

3단계에서는 수치심이 없는 개인자아와 공적자아를 형성하게 됩니다. 이때는 침묵과 기도, 묵상을 통해 관점이 바뀝니다. 또한 뜻밖의 통찰을 하고 또한 혼자 있을 수 있는 힘이 생깁니다. 재해석을 통해 하나님과 연합할 수 있기 때문입니다. 하나님과의 연합은 우리에게 '미움받을 용기'를 만들어줍니다. 또한 우리는 이 단계에서 모든 사람이 나를 좋아할 수 없다는 것도 깨닫게 됩니다.

청소년사역의 전망, 가정사역

"청소년사역은 필연적으로 반드시 가정사역으로 발전한다."

청소년사역은 향후 가족과 결합하게 될 것이며, 가정과 교회는 청소년을 위한 문화와 이슈에 대한 전문가를 필요로 할 것입니다. 이런 전문가가 바로 청소년지도자입니다. 청소년지도자는 청소년을 돌보면서 그들의 부모도 돌볼 수 있어야 합니다. 그런데 대부분의 이십대, 삼십대 청소년지도자는 이 부분을 간과하곤 합니다. 저도 마찬가지였습니다. 20년 전만 해도 저는 청소년을 키워본 경험이 없었기 때문에 어떻게 해야 할지 몰랐던 것입니다. 그런데 가정을 간과한 청소년사역은 극단적으로 흐를 위험이 있습니다.

우리에게는 청소년의 마음과 부모의 마음을 모두 바라볼 수 있는 눈이 필요합니다. 그런데 젊은 지도자들이 부모에게 접근하기가 쉽지 않습니다. '너도 한번 키워 봐'라는 눈초리로 부모들이 청소년지도자들을 바라보기 때문입니다. 저의 두 자녀가 청소년기를 겪고, 현재 청소년기를 보내고 있는 막내를 키우며 깨닫게 된 것이 있습니다. 바로 청소년사역은 가족사역으로 갈 수 밖에 없다는 것입니다.

가족사역을 하던 분들이 청소년사역의 영역으로 오기는 쉽지 않습니다. 가족사역, 부부사역을 했던 분들은 자신들과 이야기가 통하는 어른을 대상으로 사역을 했기 때문입니다. 이런 분들은 청소년과 삶의 문법이 다르기 때문에 청소년사역을 하게 되면 청소년을 이해하기가 쉽지 않을 것입니다. 그러나 청소년지도자들이 가족사역을 하게 되는 경우 전문성만 갖춘다면 더 쉽다고 느낄 수 있습니다. 청소년지도자들은 청소년들과 소통해 왔기 때문에 부모를 함께 만나는 것에 부담을 덜 느낍니다.

시간의 흐름에 따라 지도자가 만나는 청소년은 성인이 되고 결혼도 하게 될 것입니다. 저의 경우 20년 이상 사역을 지속하다 보니 제가 만나 오던 청소년이 이제 청년, 성인이 되어 가정을 꾸리게 되었습니다. 저도 이들을 만나면서 함께 성장했기 때문에 이들이 청소년기에 겪은 문화를 잘 알고 있습니다. 그러다 보니 저 역시 청소년사역을 넘어 가족사역으로 향하게 되었습니다.

대부분 미국의 대중 설교자도 청소년사역에서 시작했습니다. 자신이 돌보던 청소년과 함께 성장한 청소년지도자는 그들을 가장 잘 이해할 수 있는 사람이기 때문에, 그들이 성인이 되어서도 그들을 돌볼 수 있습니다. 우리도 마찬가지입니다. 청소년지도자라고 청소년사역에만 머무르는 것이 아니라 가족사역까지 뻗어 나가야 합니다. 이것이 청소년사역의 전망입니다.

부모의 양육방식			당신의 양육방식은 어떠한가요? 다음 그룹의 각 문장에서 가장 해당하는 문장에 표시해 주세요.

1	☐	1	아이들은 내 시야에 있어야 하지만 조용해야 한다고 믿는다.
	☐	2	나는 양육할 때 혼란한 상황을 즐긴다.
	☐	3	나는 아이들은 아이다워야 하지만 동시에 예의범절도 연습해야 한다고 믿는다.
	☐	4	내 아이는 혼자 지내는 편이며 나를 귀찮게 하지 않는다.
2	☐	1	아이들은 바르게 행동할 수 있도록 지적이 필요하다.
	☐	2	나는 아이들이 누구인지 배울 자유가 있다고 믿는다.
	☐	3	나는 아이들이 자신에 대해 뭔가를 알아내는 것을 지켜보는 것이 좋고, 아이들이 질문을 할 수 있도록 함께한다.
	☐	4	아이들은 학교나 어린이집에서 행동하는 법을 배운다.
3	☐	1	아이들이 'NO'라고 답하더라도 나에게는 문제가 되지 않는다.
	☐	2	나는 아이들에게 'NO'라고 말하는 것이 싫다.
	☐	3	아이들은 'NO'라고 말할 수도 있고, 'YES'라고 말할 수도 있다.
	☐	4	나는 아이들의 나쁜 행동을 대부분 무시한다.
4	☐	1	크던 작던 모든 규칙은 지켜져야 한다.
	☐	2	나는 많은 규칙들을 믿지 않는다. 내가 아이들과 함께 있을 때는 엄격한 사람이 되기보다는 아이들을 즐겁게 해주고 싶기 때문이다.
	☐	3	나는 아이들이 따라주기를 기대하는 정말 중요한 규칙이 있다. 하지만 보다 사소한 일에 대해서 유연한 편이다.
	☐	4	많은 규칙을 갖는 것은 너무 복잡해서 가끔은 아이의 나쁜 행동에 대해 그냥 넘어가는 것이 편하다.

5	☐	1	아이들이 잘못 행동할 때 바로잡아 주는 것이 훈육이라고 생각한다.
	☐	2	아이들은 자유가 있기 때문에 훈육이 전부라고 생각하지 않는다.
	☐	3	훈육은 아이들을 가르칠 기회라고 생각한다.
	☐	4	대부분 다른 어른들이 내 아이들의 훈육을 담당한다.
6	☐	1	아이가 나와 함께 있을 때 행복하지 않아도 괜찮다.
	☐	2	아이가 나를 좋아하면 좋겠다.
	☐	3	아이들이 나를 안 좋게 평가하더라도 아이들이 해야 하는 것을 확실히 알려줘야 한다.
	☐	4	어떻게 아이들이 나를 좋아하게 할 지 잘 모르겠다.
7	☐	1	아이들은 부모를 존중해야 한다.
	☐	2	아이들이 존경심을 보일 때는 좋지만 그것이 자주 있는 일이 아니라는 것을 인정해야 한다. 나이가 들면 알 것이다.
	☐	3	부모는 아이들로부터 기대하는 존중의 본을 보여야 한다.
	☐	4	나는 우리 아이들이 더 많이 존중하기를 원하며, 존중하지 않을 때는 무시한다.
8	☐	1	나는 우리 아이들이 무엇을 하고 있는지 누구와 함께 있는지 어디에 있는지 항상 정확하게 알고 있다.
	☐	2	나는 아이들이 외출과 귀가를 항상 파악하려고 하는데 가끔 아이들은 이에 대해 나에게 말하지 않으려고 한다.
	☐	3	나는 어디에 있는지 항상 아이들에게 알려주기로 했고 아이들도 그렇게 하기로 동의했다.
	☐	4	아이들이 최근에 무엇을 하는지 추적하지 않는다. 아이들은 괜찮아 보이고 아이들을 지켜 줄 선생님이나 보호자가 있다.
9	☐	1	나는 실수를 참지 않는다. 한번 실수는 봐줄 수 있지만 그 다음부터는 벌을 줘야한다.

9	☐	2	아이 자신이 성공했다고 느끼지 않으면 아이가 삶에서 자신감을 가질 수 없다고 생각한다.
	☐	3	최고의 교훈은 실수에서 온다. 나는 아이들이 실수에서 배우도록 돕는다.
	☐	4	모든 사람은 실수하기 때문에 아이의 실수에 대해 분노하지 않는다. 아이들도 이를 알게 될 것이다.
10	☐	1	아이에게 권위가 떨어지기 때문에 부모는 아이의 친구가 되어서는 안 된다고 믿는다.
	☐	2	아이는 최고의 친구이다.
	☐	3	아이는 다른 아이들의 친구가 되어야 한다. 나는 그 아이들의 부모가 되어야 한다.
	☐	4	나와 아이는 너무나 다르기 때문에 부모와 아이가 어떻게 친구가 되는지 이해할 수 없다..
11	☐	1	어른들의 일이라고 생각하기 때문에 나는 아이들에게 이야기 하지 않는다.
	☐	2	나는 아이들에게 뭐든 다 말할 수 있다.
	☐	3	아이들에게 영향을 미치는 일에 대해서는 어떻게 된 일인지 알려주지만, 어떤 일들은 사안에 따라 다른 어른과 이야기 한다.
	☐	4	우리 아이들은 많은 것을 알 필요가 없다. 아이들은 그래도 괜찮아 보인다.

채점하기:

적절한 응답번호를 아래의 번호 개수 빈칸에 여러분이 응답한 번호의 개수를 더하세요. 가장 많은 번호 횟수를 적은 곳의 응답번호를 보세요. 이것이 당신의 주요 자녀 양육방식입니다.

번호 갯수	양육 방식	내 용
1	지 배 형	당신은 규정에 대해 완고하고 아이의 행동에 기대가 큽니다. 자녀를 거의 애정을 보이지 않으면서 자녀에게 최고의 것을 기대하는 방식으로 사랑을 표현합니다. 대화는 당신에게서 아이들에게로 일방적으로 전달됩니다. 당신은 아이의 잘못된 행동을 수정하는데 있어 융통성이 없고 냉혹해질 수 있습니다.
2	관 대 형	당신은 아이들을 많은 사랑하고, 아이들이 요구하는 것을 주고, 개방적으로 대화하고, 아이들이 원하는 것은 대부분 하도록 합니다. 당신은 규정을 만들고 실천하는데 어려움이 있습니다. 엄격한 훈육보다는 다정한 것을 좋아합니다. 가끔 아이들이 당신에게 함부로 하는 것을 느낍니다.
3	긍 정 형	당신은 아이들에게 사랑이 필요하다고 믿지만, 아이들에게 크게 기대합니다. 그 기대를 충족하기 위해 규정과 안내가 필요하다고 믿습니다. 당신에게 가장 중요한 일을 양육으로 봅니다. 또한 당신이 아이들에게 기대하는 존중의 본을 보이기 위해 롤모델이 되기도 합니다. 당신은 아이들의 이야기를 경청하지만, 안전, 가치관, 건강을 포함한 문제에 대해서는 단호합니다. 당신의 자녀는 당신이 무엇을 기대하는지 알고 있고, 당신이 일관성이 있고 공정하고 확고하다는 것을 알고 있습니다.
4	방 임 형	당신은 자녀와 많은 시간을 보내지 않았기 때문에 자녀를 양육하는 것이 불편하다고 느낄 수 있습니다. 당신은 일이나 다른 것에 더 많은 관심을 가질 수 있습니다. 아이들과 함께 있을 때면 당신은 다른 일을 하고 있거나 아이들에게 집중하지 않습니다. 당신은 다른 부모들은 잘 하고 있다고 생각합니다. 당신은 아이들에게 도움이 되기 위해 당신이 할 수 있는 것에 대해 확실하지 않습니다.

출처: Pitzer, R(2001). *What is your parenting style? A parenting styles self-assessment.* St. Paul, MIN: University of Minnesota Extension.

15

청소년과 또래집단

청소년 계층 중 가장 눈여겨 봐야 할 집단이 바로 또래집단(Peer Group)입니다. 또래집단은 같은 지역이나 공동체 속에서 생활하는 비슷한 나이의 구성원이 주로 놀이를 중심으로 형성한 동아리입니다.

어느 연령이건 또래집단은 있으나 청소년 시기의 또래집단은 특별한 기능을 합니다. 이 특별한 기능 중 하나가 사회화입니다. 역할놀이 등을 통해 또래와 함께 놀며 자신이 하고 싶은 욕구나 충동을 조절하는 기능을 하기 때문입니다. 그래서 충동성 억제가 안 되거나, 또래집단의 규칙을 이해하지 못하면 또래집단에 어울리지 못하고 소외됩니다.

피아제에 의하면, 또래집단에서 구성원 관계는 아이들과 그 부모 사이의 관계보다 민주적입니다. 부모와 자녀의 관계는 위계질서가 있고, 수직적입니다. 반면 또래집단에서는 함께 규칙을 만들고 그 규칙

안에서 상호작용한다는 점에서 민주적입니다. 그런데 그 규칙이 깨지거나 그 또래집단이 수직적이 된다면, 이는 아이들이 어른의 조직을 흉내 내고 있는 것입니다. 이문열 작가의 『우리들의 일그러진 영웅』에서 나온 또래집단의 계층은 이러한 예를 잘 보여줍니다.

산업사회로 접어들면서 여성들이 직장을 갖게 되고 맞벌이 부부가 늘어났습니다. 또한 이혼율의 급격한 증가로 편모, 편부 가정이 늘어나고, 이와 관련된 여러 요인으로 청소년은 또래 친구들과 함께하는 시간이 증가했습니다.

이 과정에서 앞에서 언급한 수직적인 또래집단이 등장했습니다. 사실 청소년들 사이에서만 또래집단이 만들어졌다면 이런 부정적 결과는 주가 되지 않았을 것입니다. 그런데 청소년은 어른들의 사회를 모델로 삼아 자신들의 또래집단에 그대로 적용했기 때문에 부정적인 결과들이 발생합니다.

청소년을 만드는 다섯 가지 공동체는 가족, 지역사회, 학교, 미디어, 또래집단입니다. 이 다섯 가지는 청소년이 살아가는 데 가장 근접해 있습니다. 또한 이 다섯 가지가 균형을 이룰 때 가장 안정적인 모습을 보입니다.

그런데 현대사회에 들어서면서 맞벌이 가정이 늘어나자 가족의 영향력이 줄어들었습니다. 또한 공동체와 학교의 영향력도 줄었습니다. 대신 학교 안에 있는 또래집단의 영향력이 커졌고, 통신기술의 발전에 따라 미디어에 많은 영향을 주었습니다. 지금의 청소년은 또래집단과 미디어와의 상호작용 속에 살아갑니다. 이러한 상호작용은 청소년에게 악영향을 주고, 더 큰 '메아리'를 만들어 내기도 합니다.

또래압력의 긍정성

"대답하시되 누가 내 어머니이며 동생들이냐 하시고 둘러 앉은 자들을 보시며 이르시되 내 어머니와 내 동생들을 보라 누구든지 하나님의 뜻대로 행하는 자가 내 형제요 자매요 어머니이니라"_마가복음 3:33~35
"사람이 친구를 위하여 자기 목숨을 버리면 이보다 더 큰 사랑이 없나니 너희는 내가 명하는 대로 행하면 곧 나의 친구라"_요한복음 15:13~14

성경에서 이같이 가족보다 또래집단을 중시한 예수님의 모습을 볼 수 있습니다. 앞에서도 언급했듯이 성경에 나오는 가족은 결핍이 많습니다. 그런데 이러한 결핍을 친구가 채우는 경우를 성경에서 어렵지 않게 찾아볼 수 있습니다. 모세와 아론은 형제였으나 친구 사이였습니다. 사사기에 나온 입다의 딸도 아버지의 재물로 바쳐져 죽기 전에 친구와 우정을 나누는 모습을 보여줍니다. 바울과 바나바, 다윗과 요나단, 바울과 실라, 바울과 누가 등은 모두 동료의식과 또래집단의 긍정적인 모습을 보여줍니다.

이러한 또래집단에 대해 소개하고 싶은 책이 있습니다. 바로 티나 로젠버그의 『또래압력은 어떻게 세상을 치유하는가』입니다. 저자는 10대 또래압력의 긍정적인 부분을 연구했습니다.

남아프리카공화국에는 10대의 에이즈 감염률을 줄인 공익 캠페인 '러브 라이프'가 있었습니다. 이곳의 10대의 에이즈 감염률은 20%를 넘었습니다. 어떠한 노력을 해도 에이즈 감염률을 줄이기가 너무나 힘들었습니다. 그런데 10대들이 직접 자신의 성, 건강을 지키는 법을 이야기하고, 성관계를 하더라도 콘돔을 사용해야 한다고 주장하는 등 자신의 삶을 사랑하라는 의미에서 '러브 라이프' 캠페인을 한 것입니다. 이러한 노력의 결과 10대의 에이즈 감염률은 10% 초반으로 떨어지게 됩니다. 이는 또래압력의 긍정적 효과를 보여주는 사례입니다(티나 조젠버그, 2012).

생각해 보면 4.19혁명 등 우리나라의 민주화 운동도 또래압력의 긍정적인 효과입니다. 2000년대의 촛불집회와 2017년의 촛불집회도 그렇습니다. 즉 또래집단 속에 긍정적이든 부정적이든 압력이 존재합니다. 우리는 청소년지도자로서 이 또래압력을 누가 주고받는가를 통찰해야 합니다.

교회학교에서는 학생과 교사의 유대감, 우정, 부모와의 유대가 바른 성장의 중심입니다. 그렇기 때문에 성경과 교리학습 이전에 학생들과 벽화 봉사나 숲 체험과 같은 상호작용을 먼저 시도하는 것이 좋습니다.

70~80년대에 교회에서는 '예수천당 불신지옥'을 외쳤습니다. 이것

이 2000년대에 들어서 '4영리'로 바뀌었습니다. 물론 이것은 복음을 전하는 좋은 도구입니다. 그러나 우리의 교회사역은 또래집단, 또래압력, 우정, 관계를 간과했습니다. 청소년지도자는 지금 가족, 친구, 공동체에서 일어나고 있는 현상에 대해 어떻게 반응해야 하는지를 늘 생각해야 합니다. 또한 이러한 현상의 이유와 경로들을 통찰할 수 있는 시각을 길러야 합니다.

청소년기에는 가족과 함께하는 것도 중요하지만, 또래집단과 함께 지낼 수 있는 능력이 중요합니다. 그러다 보니 교회에서는 가정통합사역을 해야 하는지, 연령별사역을 해야 하는지에 대한 고민이 생깁니다.

예를 들어 예배 연령을 구분하지 않고 부모와 자녀가 모두 모여 함께 예배를 드려야 하는지, 혹은 연령별로 부서를 나누어 따로 예배를 드려야 하는지에 대해 고민합니다. 부모와 자녀가 함께 예배를 드리게 되면 또래집단에서 성장하는 기회가 차단되고, 자녀를 버텨내지 못하는 부모는 힘들어할 것입니다. 그렇다고 가정통합사역을 하지 않는다면 청소년과 가족의 관계를 간과하게 되어 청소년지도자들은 현장에서 어떻게 적용해야 할지를 늘 고민해야 합니다.

또래압력이 있을 때 가능하다

저는 선교회를 중심으로 사역을 했기 때문에 흔히 말하는 교회학교의 큰 부흥은 경험하지 못했습니다. 그럼에도 불구하고 작은 교회를 섬기고 선교회를 이끌면서 경험했던 성공에는 또래압력이 있었습니다.

첫 사역은 1989년 교회학교 교사에서 시작되었습니다. 그 당시 재수를 하고 있었는데 교회 목사님께서 주일학교 교사를 해달라고 말씀하셨습니다. 저는 망설이다가 교회학교 교사가 되었고, 저보다 3년 후배였던 고1 반을 맡았습니다. 교사로서 배운 것도 없었고, 딱히 열심을 낼 수 있는 상황도 아니었습니다. 그런데 5명 정도였던 학생이 1학기가 지날 무렵 20여 명이 되었습니다. 그 뒤로도 학생 수는 계속해서 늘었습니다.

그때 저는 '교회 오빠'의 이미지로 후배들에게 인기가 있었습니다. 무언가를 추진하고 상호 소통하는 힘이 있었습니다. 물론 지금 생각하면 교육적 의도성은 떨어졌던 시기였습니다. 그러나 학생들과 상호작용을 하다 보니 제가 맡은 반은 부흥했습니다. 물론 의도적인 교육은 전도사님의 몫이었습니다.

사역이 성장한 핵심은 '포인트맨' 역할을 하는 친구들이 있었다는 것입니다. 포인트맨이란 강력하게 또래에게 영향을 주는 사람을 의미합니다. 당시 제가 맡은 학생 중에는 집과 교회의 거리가 차를 타고 1시간 가까이 걸림에도 버스를 타고 교회에 출석하는 아이들이 있었습니다. 매력적으로 보이는 또래, 즉 '포인트맨'이 있었기 때문입니다. 청소년사역에는 친구의 영향이 특별히 중요합니다.

　교회나 성인 사역에서도 이렇게 전도자의 역할을 하는 분들이 있습니다. 물론 그분들이 가진 확장적인 장점과 더불어 약점도 존재합니다. 그럼에도 불구하고 또래에 영향을 미칠 수 있는 친구들의 달란트를 활용하는 것은 청소년사역의 중요한 핵심입니다.

PART 6

인격과 성에 대한

접근

16

'성장'이라는 명령

"형제들아 내가 신령한 자들을 대함과 같이 너희에게 말할 수가 없어서 육
신에 속한 자 곧 그리스도 안에서 어린 아이들을 대함과 같이 하노라 내가
너희를 젖으로 먹이고 밥으로 아니하였노니 이는 너희가 감당하지 못하였
음이거니와 지금도 못하리라"_고린도전서 3:1~2

고린도 교회에 보낸 바울의 서신입니다. 바울이 한탄한 것 중 하나
는 사람들이 성장하지 않는 것이었습니다. 사람이 태어나서 영아기, 유
아기를 거쳐 유년기로 성장하면 젖이 아닌 밥을 먹는 것은 자연스러운
현상입니다. 그런데 고린도 교회 사람들은 영적으로 밥을 먹지 못하니
바울은 이에 대해 실망하였습니다. 고린도전서의 배경을 보면 교회가
바울파, 아볼로파, 베드로파, 예수님파로 나뉘며 많은 문제가 있었습니

다. 이에 대해 바울은 성숙하지 못하다고 비판하였습니다. 바울은 성장하는 것을 당연한 것으로 받아들이고 있습니다.

> "아이 사무엘이 점점 자라매 여호와와 사람들에게 은총을 더욱 받더라."
> _사무엘상 2:26
>
> "예수는 지혜와 키가 자라가며 하나님과 사람에게 더욱 사랑스러워 가시더라"_누가복음 2:52

여러분은 어떻게 생각하나요? 아이들이 성장하면 귀엽고, 즐겁고, 사랑스럽나요? 아니면 부담스럽고 대책이 없다는 것을 느끼나요? 대부분의 경우, 여기저기 기어 다니며 모든 물건을 자신의 입에 넣고 위에 올려 있는 물건을 떨어뜨리는 아이를 보면서 부모들이 가장 많이 하는 소리는 '내가 너를 사랑해', '너는 하나님의 은총이야'와 같은 긍정적인 말이 아니라, '하지마', '그만', '안 돼'와 같은 말입니다.

12개월 안팎의 아이들은 '하지 마'가 자신의 이름인 줄 안다고도 합니다. 어린 아이들은 누가 알려주지 않아도 말하기 시작하면 '아가 거야', '내가 할 거야' 등의 말을 합니다. 이런 말을 들을 때 양육을 하는 부모들은 많이 힘들어합니다. 이렇게 양육이 어려운 이유는 성장에 대한 이해가 부족하기 때문입니다. 성장에 관한 진실을 몇 가지 살펴보겠습니다.

첫째, 성장은 하나님의 명령입니다. 창세기 1장을 보면, "다스리고 번성하라"는 말이 계속 반복됩니다. 하나님께서는 우리에게 성장하라고 명령하십니다. 성장은 사람에게 매우 자연스러운 일입니다.

둘째, 성장은 개인적이지만 반드시 사회적 존재로서만 가능합니다. 우리 안에 영양소들이 공급되면 성장하기 때문에 물리적 성장은 개인적인 일입니다. 그러나 정서적 측면에서 보면 우리는 문화적 존재로 성장합니다. '인간은 사회적 존재'라는 말에서도 알 수 있듯이 사람은 함께 살아가는 존재입니다. 사람은 스스로 성장할 수 없습니다. 짐승도 부모 없이 자라나면 많은 결핍이 생깁니다. 특별히 사람이 성장할 때는 사람이 필요합니다. 짐승이 사람을 키우게 되면 결핍된 성장이 나타납니다. 그래서 과학도 인간은 스스로 성장할 수 없다고 설명합니다.

셋째, 성경은 인간의 성장에 있어 하나님과의 관계, 자연과의 관계, 세상과의 관계, 그리고 다른 이들과의 관계를 설명합니다. 자연과의 관계는 다스리고 번성하라는 하나님의 말씀에서 알 수 있습니다. 이때 다스린다는 것은 자연을 마음대로 사용해도 된다는 의미가 아닙니다. 모든 자연에는 하나님의 영이 임해 있습니다. 자연이 아름다운 이유는 그속에 하나님의 손길이 닿지 않은 곳이 없기 때문입니다. 자연과 우리와의 관계를 설명해주는 것이 신학의 역할입니다.

또한 하나님이 우리를 어떻게 만드셨는지, 혹은 하나님이 어떤 분인지에 대해 질문하는 것은 우리 자신과 하나님과의 관계를 설명하기 위한 생각입니다. 더불어 신학은 문화, 제도, 다른 이들과의 관계도 설명해줍니다. 자연과의 관계는 과학이, 세상과 타자와의 관계는 인문학이 설명해줍니다. 그런데 특별히 우리는 교회학교로서 모든 관계의 출발점인 하나님과의 관계를 설명할 수 있어야 합니다. 우리는 이러한 관계에서 상호작용을 하며 성장합니다.

사람은 사람의 양육을 통해

사람은 문화적 존재입니다. 또한 사람은 사람으로 말미암아 사람이 됩니다. 늑대인간을 연구한 캔드랜드(1993)는 독일에서 발견된 피터 와일드보이, 프랑스의 빅터, 뉴런버그의 카스퍼 하우저, 인도의 아말라와 카말라의 이야기를 통해 사람이 사람에게 돌봄을 받지 않고 자랐을 때에 나타나는 결과를 보고했습니다.

아말라와 카말라는 10세 이전부터 동물과 같이 자라다가 사람에게 발견되었습니다. 그 아이들은 발견된 이후에도 동물처럼 네 발로 걷고, 밥을 먹을 때도 킁킁거리고, 옷을 불편해하고, 늑대처럼 울부짖었습니다. 이 아이들에게 언어를 가르쳤더니 단어까지는 알았지만, 죽을 때까지 문법을 사용하여 문장 만드는 것을 힘들어했습니다.

사람은 사람의 양육을 통해 사람이 됩니다. 사람은 문화적 존재이기 때문에 사람이 성장하기 위해서는 또 다른 사람을 필요로 합니다. 신학교 학생들에게 이런 이야기를 했더니 '사람이 하나님으로 인해 성장하지, 사람을 통해 성장하는 것이 아니다'라며 반박을 했습니다.

그러나 하나님께서는 사람을 만드셨고, 우리는 하나님께서 만드신 또 다른 사람을 통해 성장합니다. 그 사람을 통해 문화를 만들고, 그 사람을 통해 하나님을 보게 됩니다. 즉, 사람은 문화 속에서 배우고 알게 되기 때문에 사람으로부터 소외되어 자랄 수는 없습니다.

가정과 문화적 지원이 없이 자란 아이들은 문화적으로 사람처럼 걷고, 말하고, 행동하기 어렵습니다. 가끔 폭력성이 있는 아이들을 만납니다. 그 폭력의 원인은 아이의 가정과 문화에 있습니다. 제가 군대에서 강의를 하다가 만난 청년들 중에도 폭력을 경험한 적이 없는 군인은 후임에게 물리적 폭력을 행사하지 않았습니다. 이것은 우리에게 아주 중요한 점을 시사합니다.

이 글을 읽는 독자들 중 대부분은 부모님이나 선생님에게 한 번이라도 맞아본 경험이 있을 것입니다. 이런 경험을 한 사람은 자녀에게도 폭력을 행사하면서 이를 '사랑의 매'라고 정당화합니다. 제가 만난 많은 젊은이들도 '사랑의 매'가 필요하다고 생각하고 있었습니다. 그들은 어릴 적에 물리적, 언어적 폭력을 당했고 자라면서 이런 생각을 하게 된 것입니다.

이처럼 한 사람을 둘러싼 문화는 한 사람의 성장과 사고에 큰 영향을 미칩니다. 사람은 사람으로 말미암아 성장합니다. 성장의 실패는 비극이며 자연법칙에 어긋납니다.

몇 년 전부터 고양이 두 마리를 키우게 되었습니다. 처음 데려올 때는 3개월 정도 된 아기 고양이라서 손바닥 정도의 크기였습니다. 하루는 제가 소파에 앉아 있는데 고양이가 소파에 올라오려고 했습니다. 소파가 낮았는데도 고양이는 소파 위로 뛰어 오르지 못했습니다. 하지만 고양이들은 포기하지 않고 일주일 정도를 넘어지며 계속 연습하더니 어느새 한 마리가 소파 위로 뛰어오르는데 성공했습니다.

그 다음날 다른 고양이도 소파에 뛰어 올라오는데 성공하였습니다. 고양이들의 성장을 보며 '성장이 만물의 원리'라고 생각해 보았습니다. 그런데 성장에 있어 인간과 고양이는 차이가 있습니다. 고양이도 고양이가 키우면 더 좋겠지만, 사람이 키우더라도 고양이는 고양이로 성장합니다. 하지만 사람은 사람이 키워야만 사람으로 성장합니다.

성장의 다섯 가지 축

기독교에서 신학적인 관점으로 인간발달을 연구한 제임스 로더는 신학적 인류학자로 분류됩니다. 신학적 인류학에는 두 가지 전제가 있습니다(2006).

첫 전제는 인간은 하나님의 형상을 닮아 만들어졌으며, 하나님의 형상대로 성장하고 있다는 사실입니다. 두 번째 전제는 인간은 타락한 존재라는 사실입니다. 즉, 인간에게는 죄가 있다는 것입니다. 제임스 로더에 따르면 성장의 시기인 청소년기에는 다섯 가지 축이 만들어집니다. 이 다섯 가지 축을 중심으로 청소년은 과거 부모님이 입혀준 옷을 벗고 진정한 자아를 찾기 시작합니다.

첫째 신체적인 축을 보면, 청소년기는 급격한 신체발달로 인해 시간적 공간적으로도 급격한 변화가 나타납니다. 또한 청소년이 사회체계 내에서 자신을 위해 준비된 공간이 없다는 사실을 인식할 때 문제가 발생합니다. 청소년은 하루 종일 학교의 좁은 교실 안에 앉아 있어야 합니다. 그곳에서 청소년은 자신만의 공간을 침범당합니다. 뿐만 아니라 학교는 학생들을 편하게 관리하기 위해 교복과 두발을 관리합니다.

이에 저항하는 청소년은 소음, 염색, 피어싱, 과식, 옷, 심지어 자해를 통해 자신의 공간을 주장합니다. 이것이 성경적으로 옳으냐 그르냐를 떠나 이러한 행위는 억압된 청소년의 공간에 의해 만들어진 분출구와 같습니다. 공간뿐 아니라 시간도 청소년에게 있어 아주 중요합니다.

그런데 안타깝게도 많은 청소년의 시공간은 부모님, 교육부 더 나아가 국방부가 관리합니다. 청소년기는 신체적 축이 만들어지는 시기임에도 청소년들에게는 자신의 시간과 공간을 통제할 수 있는 자율이 주어지지 않는 것입니다. 우리는 청소년의 지도자로서 그들이 시공간 속에서 자신의 것을 표현하도록 도와야 합니다.

두 번째는 이데올로기의 축입니다. 이데올로기의 축은 사람이 의지해 살아갈 수 있는 이상 체계를 의미합니다. 이러한 이상 체계를 세우려는 시도는 청소년기의 사고와 종교의 배경에서 이루어지는 신뢰의

재작업입니다. 또한 구체적 조작기에서 형식적 조작기까지 지능의 성숙에 따라 매우 고양됩니다. 이 시기의 이데올로기에 대한 갈망은 남녀를 불문하고 청소년 스스로 대의명분을 찾는 데 열심을 갖게 합니다. 처음에는 타인으로부터 이데올로기를 찾지만 이후에는 청소년 스스로 자기 자신의 이데올로기를 발달시킵니다. 그렇기 때문에 청소년지도자들은 자신이 알고 있는 지식, 혹은 생각 등을 청소년들에게 주입하는 것이 아니라, 청소년 스스로 이해하게 해서 그들 자신의 것으로 만들게 해야 합니다.

세 번째 권위의 축입니다. 청소년기는 성인들과 동료라고 느끼기 시작하는 시기입니다. 청소년들은 사람들 사이의 관계를 재형성하며, 통제와 권위의 기초를 재형성합니다. 또한 청소년들은 또래와 동질감을 점차 강하게 느끼며, 결국 성인들과 동등하다는 것을 느낍니다. 청소년기 이전에는 부모가 최고인 줄 알았지만, 청소년기가 되면 부모도 자신과 비슷한 존재라는 것을 깨닫게 되는 것입니다.

네 번째 사랑의 축입니다. 정상적인 발달 과정 가운데 나타나는 정체성 형성의 핵심에는 자기가 속한 성에 대해 친근감을 갖는 시기가 포함됩니다. 자신이 남자라면 남자에게, 여자라면 여자에게 친근감을 갖는 것입니다. 요즘은 동성애가 사회적으로 많이 다루는 이슈인데, 제임스 로더에 따르면 동성애의 진짜 이슈는 '성욕'이 아니라 '친밀감'입니다. 더불어 청소년기는 외로움을 느끼는 시기인데 이러한 고독은 키에르케고어의 주장처럼 죽음에 이르는 병입니다. 청소년은 이러한 외로움을 해결하기 위해 성(sex)을 통해 친밀감을 채우려고 합니다.

다섯 번째 일의 축입니다. 고교 청소년들과 부모들 사이의 주요 갈등은 학업, 진로, 사회에서의 성취에 대한 문제입니다. 정체성 형성의 한 축을 가치와 일의 견지에서 볼 때 역할을 통해 새로운 이름으로 불린다는 것은 특별하고도 자유를 줍니다. 또한 일은 자신의 정체성을 설명해주기도 합니다. 여기서 일이란 의사, 변호사와 같은 직업이 아니라 역할을 의미합니다. 이 역할은 자신의 정체성이며 하나님께서 주신 소명입니다. 이러한 소명을 받게 되는 시기가 바로 청소년기입니다.

신앙의 도약

성장은 신앙에서도 나타납니다. 신앙의 성장을 가장 잘 설명한 사람은 실존주의자인 키에르케고어입니다. 키에르케고어는 종교인 A와 종교인 B를 통해 신앙의 도약, 즉 성장을 이야기합니다(제임스로더, 2009). 종교인 A는 부정적 양식을 갖습니다. 또한 영원성을 포기하고 실존만을 취하거나, 실존을 포기하고 영원성만을 취합니다. 예를 들어 어떤 사람이 은혜를 받았다고 합시다. 종교인 A는 은혜를 받으면 자신이 다 할 수 있다고 생각합니다. 그래서 자신의 실존에서 오는 욕망, 욕구를 모두 이기고 하나님처럼 거룩하게 살 수 있다고 생각합니다.

이러한 생각은 실존은 포기하고 영원성만 취하는 경우입니다. 이 사람들은 자신은 거룩하다고 생각하기 때문에 자신이 생각하는 기준에 미치지 못하는 다른 사람들을 판단하기 시작합니다. 다른 사람을 정죄하고 스스로 교만해지는 것입니다. 시간이 지나면 이들은 자신의 한계를 느끼게 되고 자신이 할 수 없다고 생각하며 좌절합니다.

종교인 A는 영원성을 포기하고 실존만을 취한 사람입니다. 이런 사람들은 교만과 좌절을 오가며 절망에 빠집니다. 이는 신앙을 처음 갖기 시작한 사람들에게서 쉽게 나타나는 현상입니다.

반면 종교인 B는 긍정적인 양식을 갖고 있습니다. 또한 영원성과 실존을 묶어줄 하나님의 언약을 찾습니다. 앞서 말한 종교인 A에서 종교인 B로 도약하기 위해서는 우리에게 예수님이 필요하다는 것을 깨달아야 합니다. 처음 예수님을 영접하면 즐겁습니다. 그러나 그 즐거움은 오래 가지 않습니다. 우리는 늘 거룩하게 살 수 없기 때문입니다. 이에 대한 좌절을 겪고 나에게 오신 구원의 하나님을 경험할 때 비로소 종교인 B로 도약할 수 있습니다.

우리는 예수님처럼 살 수 없습니다. 예수님처럼 살아야 한다고 생각하면 우리가 실제로 예수님처럼 살지 못하기 때문에 늘 좌절하며 죄책감에 휩싸입니다. 따라서 우리는 예수님을 힘입어 살아야 합니다. 우리는 실패할 수밖에 없는 존재지만 이러한 신앙의 도약을 통해 하나님을 바라보며 영원을 꿈꾸며 사는 것입니다. 이때 내 안에 나의 실존과 하나님의 영이 연결됩니다.

많은 청소년지도자들이 청소년을 만나면 종교인 A가 되라고 강요합니다. 그러나 그렇게 하면 청소년들은 좌절과 교만의 길, 절망의 구렁텅이로 빠지게 될 것입니다. 그때 신앙의 도약을 통해 종교인 B로 가게 하는 것이 바로 죄와 용서입니다. '예수님이 십자가에서 우리를 용서했으니 우리도 우리를 용서해야 해'라고 말해야 하는 것입니다.

17

창조, 타락, 구속의 관점에서

문화를 해석하는 창조, 타락, 구속의 관점은 성에 대한 접근에서도 쓰일 수 있습니다. 먼저 창조의 관점으로 성을 바라보겠습니다. 하나님 께서 세상을 창조하실 때 "그 종류대로" 창조하고 기뻐하셨습니다. 이 는 창세기에 창조의 사건을 표현할 때 계속해서 반복되는 말입니다. 그 런데 사람을 창조하실 때는 "그 종류대로"라는 문구 자리에 "남자와 여 자를 만드시고" 매우 기뻐하셨다고 표현하십니다. 즉 남자와 여자를 다르게 만드신 것은 창조의 원리인 다양성을 보여줍니다.

하나님께서는 여성을 돕는 배필로 창조하셨습니다. 그렇다고 남자 가 일을 다하고, 여자는 옆에서 돕기만 한다는 것은 아닙니다. 돕는 배 필은 '하나님'을 뜻하는 단어입니다. 하나님은 아담을 다스리는 통치자 로, 하와를 섬기는 돕는 자로 부르셨습니다. 이때 통치자와 돕는 자는 모두 하나님의 형상이며 수직적인 관계가 아닙니다. 그렇다고 남자와 여자의 역할을 무 자르듯 깔끔하게 나눌 수는 없습니다. 창조의 원리인 하나 됨으로 인해 남성 안에서 여성성이, 여성 안에도 남성성이 존재하기 때문입니다.

남자와 여자의 DNA는 약 3%가 다르다고 합니다. 즉 97%의 DNA는 같다고 볼 수 있습니다. 다르고 같음, 이 둘 중 하나라도 간과해서는 안 됩니다. 3%의 다름도, 97%의 같음도 다양성과 하나 됨을 보여주는 창조의 원리이기 때문입니다. 이 안에서 서로를 존중하고, 경청하고, 함께 서로의 안에 존재하는 것 또한 창조의 원리입니다.

두 번째로는 타락의 관점입니다. 성경은 인간의 잘못된 선택(죄)으로 인해 타락하게 되었다고 설명합니다. 죄의 결과 인간은 하나님으로부터 멀어졌습니다. 소외의 문제는 선악과를 먹은 이후 아담과 하와가 하나님으로부터 숨은 것에서 시작되었습니다. 인간에게는 하나님에 의해서만 채워지는 공간이 있습니다. 그런데 타락의 결과 하나님과 멀어지면서 그 공간을 채우지 못해 허전한 마음을 원초적인 욕망으로 채우려고 합니다. 그러나 이 공간은 어떠한 관계로도 채울 수 없습니다.

"또 여자에게 이르시되, 내가 네게 임신하는 고통을 크게 더하리라. 네가 수고하고 자식을 낳을 것이며, 너는 남편을 원하고 남편은 너를 다스릴 것이다." _창세기 3:16

즉 여성이 남성에게 집착하고, 남성이 여성을 마음대로 다스리려는 타락의 결과가 등장한 것입니다. 역사적으로 볼 때 매춘은 몇 천 년 전에도 있었습니다. 현대사회에서는 성을 이용해 한꺼번에 많은 돈을 벌기 위해 일대다수의 관계를 가능하게 하는 대중매체를 이용합니다. 포르노산업이 대표적인 예입니다. 타락한 인간의 모습을 통해 남성은 여성을 착취하며, 포르노를 보는 사람은 건강한 성욕을 빼앗깁니다. 자위행위, 페티시즘(사물성애), 자학성 변태, 가학성 변태, 아동성애자 등의 왜곡된 성도 모두 타락한 성의 모습입니다.

세 번째는 구속의 관점입니다. 성은 사랑의 확인이며, 시공간적 결합을 의미합니다. 소유하고자 하는 욕망에서 주려는 마음으로, 갈망하는 관계에서 축복하는 관계로, 이기적인 마음에서 희생하는 마음으로 우리의 성관계는 변화되어야 합니다. 마치 예수님께서 교회를 사랑하시는 것처럼 남편은 아내를, 아내는 남편을 사랑하며 하나님과의 관계 안에서 구속의 관계로 나아가야 합니다.

예수님은 성적 에너지가 없었나요?

인간의 모든 에너지는 성적인 에너지에서 나옵니다. 마가복음 5장에서 "누가 내 옷에 손을 대었느냐?"라고 예수님께서 물으셨을 때 열두 해 동안 혈루증을 앓던 여인은 예수님 앞에 엎드려 사실을 고백하였습니다. 그리고 예수님은 그녀를 고쳐 주셨습니다.

캔다 크리시 딘(2011)의 주장에 따르면, 예수님과 여인 사이의 교류 또한 성적인 개념을 포함하고 있다고 합니다. 두 인물 사이의 교류는 육체적 교류를 넘어서 '성적인 면에서의 영적인 관계'이며 '물리적, 정서적, 영적인 에너지 교류'를 보여주는 것입니다.

마돈나와 테레사 수녀 중 누가 더 섹시할까요? 이 둘 중 누구에게 성적인 에너지가 더 많이 표현될까요? 여러분은 당연히 마돈나라고 할 것입니다. 그러나 꼭 그렇지는 않습니다. 성적인 에너지는 육체적인 것을 넘어서기 때문에 마더 테레사가 더 많은 성적 에너지를 발휘할 수도 있습니다. 많은 사람들이 마더 테레사의 사랑으로 치유 받는 것을 보면 이를 느낄 수 있습니다.

열정적인 가수와 사람들을 끌어들이는 강사 모두 성적인 에너지를 보여주고 있습니다. 청소년들은 이런 성적 에너지에 끌리게 되어 있습니다. 예를 들어 제가 강의할 때 쓰는 에너지는 이성적인 에너지일까요, 아니면 감성적인 에너지일까요? 제가 강의할 때도, 혹은 다른 유명 강사가 강의할 때도 모두 성적인 에너지를 발휘하고 있습니다. 무대 위에서 노래를 할 때도 마찬가지입니다. 설명은 할 수 없지만 가수를 바라보는 팬은 가수에게서 성적인 에너지를 느낍니다.

이런 이유에서 청소년지도자는 조심해야 합니다. 우리가 열정적으로 설교하고, 강의하고, 청소년들을 지도할 때, 반대의 성을 갖고 있는 사람이 우리의 성적인 에너지를 느낄 가능성이 있기 때문입니다.

왜곡된 성적 추구 형태

페티시즘(Fetishism) 성과 관련이 없는 물건에 자극을 받아 성욕을 느끼는 행위를 뜻한다. 페티시즘은 주로 발, 신발, 모피, 속옷, 머리카락과 같은 체모 등 성적인 감정을 불러일으키는 물건에 집착한다.

자학성 변태(Masochism) 자기 자신에게 고통을 가함으로써 성적인 즐거움을 얻는 유사 성행위를 뜻한다. 자학성 변태가 깊어지면 상대방에게 굴욕적으로 복종하고 매질을 당하고 정복당하고자 하는 욕구로 나타난다.

가학성 변태(Sadism) 배우자에게 고통을 가함으로써 성적 만족을 얻으려는 유사 성행위를 뜻한다. 배우자에게 고통을 주는 가학성 변태는 인격적인 연합과 사랑을 방해하고 사랑해야할 상대에게 해를 끼친다는 윤리적인 문제가 있다.

복장도착(Transvestism) 반대의 성을 가진 사람의 옷을 입거나 그의 생활 방식을 흉내 내기 좋아하는 관행이다. 복장도착자는 자기 자신을 다른 성이라고 생각하지는 않는다.

동성애자(Homosexuality) 자신이 잘못된 육체 안에 거하고 있다는 강한 신념을 가진 사람을 말한다. 주관적인 성의식에 따라 신체적 성을 전환하려는 수술로 나타난다.

성전환자(Transgender) 정신을 육체에 적응시키기 보다는 육체를 정신에 적응시키는 편을 선택하고자 하는 성전환자들의 시도는 성전환수술로 나타난다.

LGBT 성소수자를 이르는 단어로 레즈비언(Lesbian), 게이(gay), 양성애자(bisexual), 트랜스젠더(transgender)의 앞 글자를 딴 것이다.

18

성문화의 역사적 흐름과 미래

2013년 서울시 청소년 성문화에 관한 연구 결과를 보면, 청소년이 가장 먼저 접한 성표현물은 '야한 동영상'이 25.6%로 가장 높게 나타났고, '야한 사진'이 18.7% 순으로 나타났습니다. 동성에게 성적인 설렘을 느낀 적이 있는 학생은 9.0%로 나타났습니다(청소년백서, 2017).

또한 중학생의 1.2%, 고등학생의 12.9%가 성관계를 했다고 밝혔습니다. 첫 성경험은 중3(3.5%), 중2(2.7%) 순으로 나타났습니다. 이 나이는 계속해서 내려가는 추세에 있습니다. 성관계 이후 청소년들에게 가장 큰 걱정은 임신이었습니다. 임신을 하게 되면 자신의 성관계에 대한 모든 것이 발각되기 때문입니다. 임신 경험에 대해 남자 고등학생의 2.2%, 여자 고등학생의 1.2%가 '있다'고 응답했습니다. 그리고 '임신 후 낙태' 라고 1.6%, '기르고 있다' 라고 1.0%가 응답했습니다.

성병 감염 횟수에 대해서 남자 고등학생은 1회(1.8%), 2회(0.3%), 7회(0.3%), 여자 고등학생은 1회(0.8%)로 나타났습니다. 성병의 감염을 막기 위해서는 성관계를 할 때에 콘돔을 착용합니다. 그런데 성매매를 하게 되면 콘돔을 착용하지 않는 조건으로 돈을 더 주기도 해서 콘돔을 사용하지 않고 성관계를 갖기도 합니다. 한편 에이즈에 걸리더라도 의학기술의 발달로 약을 복용하면서 살 수도 있습니다. 하지만 이러한 질병은 특히 결혼생활이나 사회생활에 문제가 만들게 될 것입니다.

이번에는 Guttmacher 연구소에서 조사한 미국 청소년의 성에 관한 연구를 보겠습니다.

미국 청소년들은 19세 생일 이전에 70%가 성경험을 하며, 평균 17세에 첫 성경험을 한다고 밝혔습니다. 2006년부터 2010년까지 성경험이 없는 청소년들은 '종교나 도덕적인 것에 맞지 않아서'(여: 38%. 남: 31%), '임신하는 것이 싫어서', '적당한 사람을 만나지 못해서' 순으로 응답했습니다. 성경험을 한 청소년 중 알고 있는 사람과 관계를 가졌다고 한 사람은 여자가 70%, 남자가 56%였으며, 처음 만난 사람과 관계를 가졌다고 한 사람은 여자가 16%, 남자가 28%였습니다. 이를 통해 비교적 남자가 사랑 없이도 성관계를 할 수 있다는 것을 알 수 있습니다.

성문화의 역사적인 흐름을 살펴보겠습니다. 1960년대와 1970년대에는 세계대전 이후 세상이 미국 중심으로 재편되었습니다. 이때 베트남 전쟁 등이 있었으며, 히피들이 생겨났고, 보수적인 사회가 무너졌습니다. 금기와 규칙이 무너지면서 '성 혁명'의 시대가 도래했고, 〈플레이보이즈〉 같은 도색잡지들이 표면으로 나오면서 성을 상업화하기 시작했습니다.

1980년대와 1990년대는 '즉각적 성'의 시대입니다. 정서적인 친밀감과 같은 중간단계 없이 시작에서 끝까지 가고 버려지는 시대가 온 것입니다. 21세기는 소비사회가 도래하며 소비주의적 섹스의 모습을 보입니다. 포르노, SNS 등을 활용해 성을 사고파는 세상이 된 것입니다.

성관계는 책임져야 할 부분이 있습니다. 그런데 현대인은 이러한 책임 있는 관계가 아닌 돈을 주면 살 수 있는 소비자적 성관계를 원합니다. 그래서 결혼생활도 소비자로서의 성관계를 즐기게 되면서 문제가 생기게 되었습니다. 이러한 문제 앞에 가장 큰 피해자는 아동과 청소년, 그리고 여성입니다. 그들은 돈이 부족하기 때문입니다. 이러한 경우 청소년은 경제적 결핍을 채우기 위해 쉽게 어른들과 성관계를 가지기도 합니다.

미래학자들은 싫증난 섹스의 시대가 도래할 것이라고 합니다. 성의 오락적 연결에 싫증을 느끼는 것입니다. 그래서 성관계를 갖지 않고 사는 사람들이(sexless) 많아질 것이라고 합니다.

이런 성문화의 역사적인 흐름과 미래를 고려했을 때 분명한 것은 우리는 청소년지도자로서 성에 대해 연구를 해야 합니다. 성 역시 하나님께서 만드셨습니다. 그렇기 때문에 성은 창피하거나 숨겨야 할 것이 아닙니다. 성은 하나님께서 우리에게 주신 선물이기 때문에 기쁘고 즐거운 것입니다. 성에 대한 욕구도 사람에게 에너지를 줄 수 있습니다. 그런데 이것이 잘못 쓰이다 보니 문제가 발생하는 것입니다.

성은 신비한 연합이며, 삼위일체가 인간의 연합에 반영됩니다. 삼위일체가 상호내주(pericoresis)하는 방식은 성에서 가장 잘 나타냅니다. 우리는 신학적인 관점에서 청소년의 성에 대해 시야를 넓혀야 합니다.

성을 보는 6가지 측면

"창조 때로부터 사람을 남자와 여자로 지으셨으니 이러므로 사람이 그 부모를 떠나서 그 둘이 한 몸이 될지니라. 이러한즉 이제 둘이 아니요 한 몸이니"_마가복음 10:6~8

남학생들 4명 중 1명은 정기적으로 포르노를 본다고 시인했으며, 10명 중 2명은 여성에 대해서 극단적으로 부정적인 견해를 가지고 있어 '여자가 외도를 한다면 남자가 여자를 구타해도 된다고 생각한다'는 의견을 가지고 있다. _Guttmacher 연구소

청소년을 만나면 성에 대한 이야기를 하게 됩니다. 최근 들어 청소년의 성에 대한 관심이 더 높아지기도 했습니다. 미디어의 발달로 청

소년이 음란 유해물을 접할 수 있는 기회도 많아졌습니다. 그들의 삶은 성적인 이미지와 말로 둘러싸여 있습니다.

이런 상황에서 청소년사역에 관한 신학적 연구에서 성에 관한 내용은 게을리할 수 없습니다. 성은 인간의 본성과 문화 속에서 만들어졌고, 성욕은 인간의 기본적인 욕구이기 때문에 이를 무시할 수 없다는 것입니다. 10대 청소년이든, 20대 청년이든, 40대의 중년이든, 70대의 노인이든 성에 대한 욕구는 다 같습니다.

호르몬 분비의 영향과 미성숙한 뇌 발달로 인해 10대 청소년은 성욕을 조절하는데 더 어려움을 겪을 수는 있습니다. 그러나 인간은 모두 성욕이 있으며, 이는 인간의 본능입니다.

이러한 현상에 대해 어떻게 해석하고, 어떤 접근을 해야 하는지에 대해 청소년의 성을 보는 6가지 측면을 통해 생각해보겠습니다.

청소년의 성을 보는 첫 번째 측면은 자연적인 성적발달과 조기 신체발육입니다. 여자 청소년의 경우는 11.7세에 월경을 시작하고, 남자 청소년의 경우 12.5세에 몽정을 시작합니다. 몽정을 하면 잠자리에서 일어났을 때 속옷이 젖어 있거나, 야한 생각을 하게 됩니다. 이런 경우 자칫하면 아이들에게 죄의식이 생길 수 있습니다.

이슈가 되기도 했던, 엄마가 아들에게 몽정이 나쁜 것이라고 가르치며, 잠자리에 들기 전에 아들의 성기를 실로 묶고 잤다는 웃지 못할 이야기가 있습니다. 남자아이들이 몽정을 하면 경험이 없는 엄마는

당황스러워하고, 극단적인 경우에는 아들에게 수치심을 줄 수도 있습니다.

여자아이들의 경우 월경을 시작하는 나이가 계속해서 낮아지고 있습니다. 영양 상태가 좋다 보니 여자아이들은 육체적으로 일찍 성숙하게 됩니다. 이 때문에 여자의 평균 키가 높아지지 않는다고 해서 아이들의 신체 성장을 위해서 월경을 늦추는 약을 복용하는 경우도 있습니다.

두 번째는 청소년의 성개방입니다. 성에 관한 이해가 미흡했던 과거에는 성을 숨겨야 하는 것으로 생각했습니다. 그래서 학교 갈 때 남학생, 여학생이 손을 잡고 가는 것은 꿈도 꾸지 못했습니다. 그러나 현대 사회는 청소년 남녀가 손을 잡고 등교하기도 합니다. 이는 우리만의 현상이 아니라 선진국들이 성을 개방하면서 세계적인 흐름이 되었습니다.

세 번째는 청소년의 성문제입니다. 과거 우리나라의 모습과는 다르게 지금은 쾌락주의가 큰 영향을 미치며 성을 사고 팔 수 있는 물건으로 취급하는 풍조도 생겼습니다. 이에 따라 성관계, 임신, 낙태, 성병 등의 문제가 생겼습니다.

한 여학생이 성인 남성과 조건 만남을 하며 성관계를 해서 에이즈에 걸린 사실이 화제가 되었습니다. 이 여학생의 부모가 여학생의 성매매 사실을 알게 되었고 경찰에 신고했지만, 경찰에서 대응을 제대로 하지 않았습니다. 이러한 일들이 현대 사회에서는 비일비재하게 일어나고 있습니다. 특히 신도시의 경우는 익명성이 특징이기도 해서 또래집단에서 이러한 성상품화가 문제가 된 적도 있습니다.

네 번째는 성비행입니다. 음란물, 성매매, 미혼모 등이 해당됩니다. 단순히 성문제가 아니라 성적인 내용이 담긴 영상물을 직접 제작하고, 유통시키고, 확장시켜 나가기도 합니다. 성문제는 성비행에 의해 파생되는 결과입니다.

다섯 번째는 성표현물의 증가입니다. 인터넷 광고만 봐도 계속해서 우리는 성적인 자극에 노출됩니다. 청소년들이 즐기는 게임의 캐릭터, 만화영화에 등장하는 캐릭터가 청소년들에게 적지 않은 자극이 됩니다. 뿐만 아니라 SNS, 유튜브 등을 통해서 유통되는 동영상들이 있습니다.

여섯 번째는 길어진 미혼기간입니다. 20대 초반이면 결혼을 하던 시절이 있었습니다. 그런데 최근에는 미혼기간이 10년 이상 미뤄져 30세가 되어도 결혼을 하지 않는 경우가 많이 있습니다. 이들의 성에 대한 문제를 어떻게 할지에 대해서도 고민해야 합니다. 과거와 같이 단순히 순결을 지키라는 말은 효력을 잃어가고 있습니다. 우리는 이제 우리 사회가 직면한 문제를 직시할 수 있어야 합니다.

건강한 성을 위한 점검

성에 대한 세 가지 철학적 입장이 있습니다(이상원 외 2014).

첫 번째는 보수주의입니다. 보수주의란 성을 추구하는 것 자체를 악한 것으로 보면서 사랑, 출산, 결혼과 연관될 때만 성이 타당하다고 보는 입장입니다. 이런 입장을 견지한 사람들은 결혼을 전제한 성관계라도 출산을 전제하지 않으면 옳지 않다고 주장합니다. 이 입장은 17~18세기 이전의 경건주의 학파의 입장과 같습니다.

두 번째는 자유주의 입장입니다. 이 입장은 1960년대에 성해방을 이루면서 등장하기 시작한 것으로, 이들은 성관계의 두 주체가 자유롭게 합의만 하면 양성애, 혼전성관계, 사랑 없는 성, 동성애 등도 자유롭게 행할 수 있다는 입장입니다.

세 번째는 급진주의적인 입장입니다. 급진주의에서는 성적 쾌락을 추구함에 있어서 어떤 제한도 가해서는 안 되며 노출증, 가학증, 관음증, 수간, 시간 등과 같은 사회적으로 기이하고 악한 성행위일수록 더 많은 쾌락을 주기 때문에 좋은 성이라고 주장하는 입장입니다. 여기서 시간이라는 것은 시체와도 성관계를 할 수 있다는 것을 의미합니다.

여러분은 어떤 입장을 갖고 있나요? 저는 보수주의적인 입장이 아닙니다. 여러분이 보수주의적 입장에서 청소년들을 만난다면 17세기 이전의 생각을 갖고 있는 것입니다. 그렇다고 자유주의도 아닙니다. 물론 우리 사회는 이미 자유주의로 갔습니다. 여기서 기독교인의 입장이 애매해집니다. 우리는 자유주의와 급진주의에 반대하지만 보수주의는 아니기 때문입니다.

우리는 우리의 입장을 확실히 하기 위해 끊임없이 논의를 해야 합니다. 우리가 보수주의 입장을 가지고 있다면 진보주의 입장을 가지고 있는 사람들과 대화를 할 수 없습니다. 따라서 우리는 복음주의적 입장에서 성에 대해 합리적인 접근을 해야 합니다.

가장 중요한 것은 청소년들을 만나기에 앞서 청소년지도자로서 여러분의 성에 대한 관점과 정체성을 찾아야 합니다. 지도자가 이를 명확하게 설정하지 않으면 청소년지도자 자신도 성적인 문제를 겪을 수 있습니다.

서울의 유명한 S교회의 부교역자가 서울역에서 에스컬레이터를 타고 올라가는 여성들의 치마 속을 휴대폰으로 사진 찍다가 걸린 사건이 있었습니다. 청년사역으로 유명했던 J목사는 청년과의 추문으로 한국교회의 골칫거리가 되었습니다. 청소년사역으로 이름이 알려진 W목사는 간사와의 부적절한 관계로 모든 사역을 내려놓았습니다. 교회에서도 미투운동으로 소란스럽습니다. 이러한 일은 앞으로도 지속될 것입니다.

우리는 자신의 성적인 유혹과 환상, 그리고 우리에게 다가오는 강력한 이미지와 메시지를 어떻게 조정해야 할까요? 특히 남성 청소년지도자들은 현장에서 여자 청소년을 만날 일이 많습니다. 그들이 주는 성적인 이미지를 어떻게 극복해야 할까요?

하나님의 은혜로 이런 것에서 다 자유롭다고 할 수도 있습니다. 그러나 대부분의 경우 위 성범죄 사례에서 볼 수 있는 것처럼 성적 이미지에서 쉽게 자유로워질 수 없습니다. 우리는 지도자로서 어떤 생각을 하는지 끊임없는 성찰을 해야 합니다. 이를 위해서는 아래의 성에 관한 신학적 합의점을 마음에 새겨야 합니다.

- 성은 하나님께서 주신 것입니다.
- 성은 인간에게 아름답고 자연스러운 것입니다.
- 성은 상황에 따라 왜곡될 수 있습니다.
- 성은 인생에 있어서 모든 것이 아닙니다.
- 성은 사람들에게 깊은 상처를 줄 수 있습니다.
- 성은 사랑과 관계에 관한 것입니다.

우린 결혼했어요

청소년사역을 하다가 B라는 청년을 알게 되었습니다. 그 청년을 보면서 하나님께서 잘 준비하신 청년이고 앞날이 밝다고 생각했습니다. 그런데 알게 된 지 몇 개월이 지나서 갑자기 결혼을 했다고 그랬습니다. 서운한 마음에 왜 연락도 하지 않고 결혼했냐고 가볍게 말했는데 그 형제의 말이 충격적이었습니다.

그 형제는 자신이 말하는 결혼은 '둘만의 약속'이라고 했습니다. 즉, 자신은 제도적인 것도, 문화적인 것도, 법적인 것도 초월해서 둘이 결합했다는 것입니다. 우리가 말한 결혼식도 생략하고, 법적으로 혼신신고도 없이 결혼을 했다는 말이었습니다. 물론 우리 선배들은 삶이 어려워서 결혼식을 못 올리고 함께 사는 경우가 있었지만 제가 만난 청년은 다른 경우였습니다.

그 청년에게 성경에서 말하는 결혼을 설명하고, 우리 문화에서 결혼에 대한 이해와 제도적인 것을 설명했지만 이해시키기가 어려웠습니다. 그 청년의 주장은 좋아서 함께 사는 것이 무슨 문제가 되느냐는 것입니다. 그리고 둘이 약속을 했으면 그것이 결혼이지 다른 것은 사회적 제도라고 주장했습니다.

저와 그 청년의 가장 근본적인 차이는 성경이 말하는 성과 결혼 그리고 가정에 대한 이해입니다. 우리는 기독교인으로 살아갈 때 하나님의 말씀이 옳다는 전제가 있습니다. 그리고 신앙적 삶을 그 전제(말씀) 위에 쌓아 올렸습니다. 그런데 21세기는 전제를 부정하는 사

회입니다. 이전 세대가 만들어놓은 문화와 규칙을 부정합니다. 심지어 하나님의 말씀까지 문화적인 해석으로 치부하기도 합니다. 기준이 없는 세대가 되어버렸습니다.

성적인 문제 역시 가장 중요한 기준이 사라졌습니다. 21세기는 고대 에피쿠로스학파(쾌락주의)가 대세인 것 같습니다. 인간의 쾌락은 모두 옳다고 해석하는 시대가 다시 찾아왔다는 생각을 해봅니다. 이것이 우리가 살고 있는 사회의 문제입니다.

청소년과 청년들을 상담하면서 교회 안에서 성적인 문제들이 많이 일어나는 것을 목격합니다. 목회자의 성적인 비행과 타락 문제, 성도 간의 성적인 문제, 특히 청소년과 성인과의 성적인 접촉에 관한 문제가 상담 내용에 있습니다. 어떤 경우 당장이라도 뛰어가 가해자를 응징하고 싶은 마음이 일어나기도 합니다. 그런 견지에서 최근에 일어나고 있는 미투 운동의 연장선으로 볼 수 있는 '처치투(Church Too)'를 응원합니다.

하나님의 집에는 여러 가지 그릇이 사용됩니다. 원료와 쓰임, 크기도 다양한 그릇이 사용됩니다. 그러나 하나님께서 사용하시는 그릇은 깨끗해야 합니다. 청소년지도자로서 우리의 성 가치관을 꼭 확인해야 합니다. 그리고 자기방어를 할 수 있는 기술을 배워야 합니다. 상담자들은 이런 문제를 피하고 자신을 보호하기 위해서 여러 가지 방법을 동원하고 있습니다. 이 문제의 적용은 결혼을 했든, 아직 미혼이든, 여자건 남자건 다르지 않습니다.

PART 7

디지털 세대와

소비중심사회

19

Z세대는 디지털 원주민

1990년대에 286컴퓨터, 386컴퓨터가 등장했고, 그 이후에 개인용 컴퓨터가 보급되기 시작합니다. 하나님께서는 우리를 시간과 공간 안에 창조하셨고, 사람의 인지는 그 안에 있어야 작동할 수 있습니다.

그런데 20세기 '사이버'라는 새로운 공간이 등장했습니다. 우리나라의 경우는 전국에 무선인터넷이 보급되고, 우리가 상상하지 못했던 시공간이 열리게 됩니다. 또한 사이버의 세계는 어른들이 잘 모르기 때문에 디지털 세대라고 불리는 지금의 청소년들이 장악하고 있습니다.

"다니엘아 마지막 때까지 이 말을 간수하고 이 글을 봉함하라 많은 사람이 빨리 왕래하며 지식이 더하리라"_다니엘 12:4

"But you, Daniel, close up and seal the words of the scroll until the time of the end. Many will go here and there to increase knowledge." _Daniel 12:4

위 말씀은 두 가지로 해석할 수 있습니다. 하나는 많은 사람들이 눈이 빨라 지식을 빨리 습득한다고 해석하는 것이고, 다른 하나는 기술이 발전함에 따라 시공간에 제약을 받지 않고 소통할 수 있다고 해석하는 것입니다. 저는 개인적으로 후자의 해석에 더 마음이 갑니다. NIV번역 성경을 보면 사람들이 이곳저곳으로 다닐 것이라고 하는데, 이는 가상 공간인 인터넷이 아닐까 생각해 봅니다.

우리가 상대해야 할 청소년은 '디지털 원주민'입니다. 이들은 디지털 세계에서 태어나고 자란 아이들입니다. 여러분이 어떤 연령대인지요? 저와 같이 1970년대에 태어났다면 디지털 원주민이 아닙니다. 저는 대학을 다니면서 컴퓨터를 처음 접했고, 하이텔이나 천리안을 사용해 처음으로 채팅을 해보았습니다.

이렇게 자란 저와 같은 세대는 태어나면서부터 디지털 세대로 살고 있는 청소년들과는 삶의 구조와 방식이 많이 다릅니다. 이러한 차이때문에 다음세대를 이해하는 일은 쉽지 않습니다.

그래도 디지털 문화를 이해해야 그 안에 복음이 들어가고, 그 안에서 역사하실 하나님을 상상할 수 있습니다. 디지털 세계에 대해 구체적으로 논하기에 앞서 아래와 같은 질문에 대해 먼저 생각했으면 좋겠습니다.

디지털 세상은 누가 만들었을까요? 하나님께서는 이 세상의 모든 것을 창조하셨기에 디지털 공간도 하나님께서 인간을 통해 만드신 것이 아닐까 생각해 봅니다. 그렇다면 이 시대(Digital Age)에 하나님은 무엇을 하실까요?

이 시대에 우리들이 직면한 것들에 대한 하나님의 관점은 무엇인가요? 디지털 세상에 직면하다 보니 의와 정의는 어디 갔냐는 의문이 들수 있습니다. 예를 들어 인터넷을 사용하여 특정 인물을 모욕한다면 분명 잘못된 일입니다. 그런데 디지털 기기 자체는 어떻게 받아들여야 할까요?

디지털 세상에서 정의와 의는 무엇인가요? 시편 89편 14절에 따르면 의와 정의는 하나님 보좌의 기초입니다. 즉 하나님께서 만드신 모든 것과 하나님께서 거하고 계신 모든 곳에 있는 것이 의와 정의입니다. 그럼 디지털 세상에는 의와 정의가 존재하는 것일까요?

디지털 세대의 구분

새롭게 만들어진 공간인 디지털 세계에 살고 있는 디지털 원주민과는 어떻게 소통해야 할까요? 또 이 디지털 공간을 어떻게 하나님께 영광을 돌릴 수 있는 공간으로 만들 수 있을까요? 이 질문들이 청소년사역을 하는 저와 여러분의 고민입니다. 우리가 반문화적인 접근을 해서 디지털 세계와의 단절을 주장한다면 디지털 세계는 상업주의로 물들게 될 것입니다. 그렇기 때문에 어떻게 우리가 청소년들과 손을 잡고 디지털 세계에서 사역할 수 있을지 논하고자 합니다.

> 오늘날의 학생들은 더 이상 과거에 제작된 교육 시스템이 적용되는 존재가 아니다. 현재 학생들의 변화는 과거 세대로부터 점차적으로 진행되지 않는다. 그들은 말, 옷, 스타일, 몸을 가꾸는 것이 이전 세대들 간의 관계처럼 단순한 변화가 아니다. 정말 큰 단절 현상이 일어났다. 어떤 이는 이런 현상을 '특이성'이라고 까지 부른다. _마크 프랜스키, 2011.

현재 우리나라만 보더라도 과거의 교육 시스템을 적용해 청소년들을 가르치고 있습니다. 그런데 제가 보기에 청소년들이 과거의 교육 시스템을 참아주고 있다고 생각합니다. 청소년들은 그 교육이 필요 없다는 것을 알고 있지만 교육 시스템을 변화시킬 수 없기 때문입니다.

또한 21세기 사회가 도래하며 디지털 세계라는 새로운 공간이 생겼기 때문에 전 세대와는 단절되며 '돌연변이'와도 같은 세대가 만들어집니다. 이런 디지털 세대는 크게 세 가지로 구분할 수 있습니다.

• X세대: 1980년대와 1990년대를 누린 신세대를 부르는 명칭이었습니다. 이들은 60~70년에 태어났으며 전 세대인 '베이비붐' 세대가 이루어 낸 물질적 풍요를 누릴 수 있었습니다. 그러다 보니 자기중심적

인 가치관을 형성하였으며, 처음에는 TV의 영향을 받다가 점차적으로 컴퓨터의 영향을 받았습니다. 이들은 개성과 개인적인 삶을 중요하게 생각합니다. X세대라는 말은 더글러스 커플랜드의 소설 〈X세대〉에서 유래했습니다.

• Y세대: 1997년에 미국에서 2000년, 즉 Y2000의 주역이 될 세대를 부르면서 생긴 용어입니다. 80년에서 95년 사이에 태어났으며 이 세대는 오프라인과 온라인 모두를 경험한 세대입니다. 욜로(YOLO)와 일과 여가를 균형을 이루고자 하는 세대입니다. 보험회사인 프루덴셜 사가 미국 청소년들을 대상으로 실시한 지역사회봉사활동 실태조사보고서에서 처음으로 사용되었습니다.

• Z세대: X대의 자녀들로 볼 수 있는 이들은 디지털 기술과 함께 성장해 온 세대입니다. 90년대 중반 이후에 태어났으며 이들은 디지털 환경과 함께 성장하여 디지털 기술을 자유자재로 다루는 세대입니다. 다른 용어로 'N세대, 새로운 세대, Digital kids, 사이버 키즈, 사이버 세대, 테크노 키즈' 등 다양하게 불립니다.

X세대든, Y세대든, Z세대든 그들은 현재 우리가 살고 있는 네트워크가 기반이 된 사회에 살고 있습니다. 다음세대의 문제를 해결하기 위해서는 먼저 그 세대를 이해해야 합니다. 대상에 대한 이해가 깊어질수록 이들을 도울 수 있는 가능성도 높아지기 때문입니다. 따라서 우리는 청소년지도자로서 이들에 대한 연구를 끊임없이 해야 합니다.

사고를 지배하는 뇌구조

디지털 원주민의 현주소를 알기 위해 먼저 그들의 사고를 지배하는 뇌구조를 살펴보겠습니다. 뇌의 성장과정을 보면 아기의 뇌는 대부분 생후 6개월 동안 형성됩니다. 뇌의 다른 부분은 12세가 되기 전에 대부분 완성이 됩니다.

그런데 통제력, 추상적 사고를 담당하는 전두엽은 12세 안팎에서 발달과 전지를 합니다. 이때 많이 사용한 시냅스 망은 남기고, 안 쓰는 시냅스 망은 잘라냅니다. 즉 청소년기에 뇌는 '사용할 것인가, 버릴 것인가'를 결정한다는 것입니다.

게임을 하는 사람의 뇌를 보면 전두엽은 꺼지고 측두엽이 활성화됩니다. 매일같이 게임을 한다면 전두엽에서는 안 쓰고 있는 시냅스 연결 망을 잘라 버리기 시작할 것입니다. 12세 안팎의 나이에 전두엽의 시냅스를 전지하게 되면 통제가 안 되는 문제가 발생합니다. 무언가를 할 때 충동성 억제가 되지 않는 것입니다.

치매를 앓고 있는 분들 중에는 이렇게 전두엽이 활성화되지 않는 분들이 많습니다. 그런데 요즘에는 치매가 아님에도 불구하고 분노 등을 통제하지 못하는 젊은이들을 많이 볼 수 있습니다. 디지털 원주민들이 앓고 있는 병이라고 볼 수 있습니다. 이런 사람들은 전두엽이 망가져 있기 때문에 깊은 사고를 할 수가 없습니다.

어떤 사람들은 컴퓨터를 많이 하면 머리가 좋아진다고 합니다. 머리가 좋다고 할 때에는 몇 가지 기준들이 있는데 그 중 가장 중요한 것은 '창의성'과 '직관'입니다. 그런데 게임, 디지털 기기를 많이 사용하는 사람은 전두엽이 망가졌기 때문에 이러한 기능을 제대로 수행하지 못합니다.

우리는 정보사회에 살고 있기 때문에 정보는 인터넷상에 퍼져 있으며 얼마든지 검색을 통해 사용할 수가 있습니다. 그런데 그런 정보를 수집하여 사용 여부를 결정하는 것이나, 혹은 정보와 정보를 어떻게 연결해야 할지 고민하는 것은 인간이 해야 할 일입니다. 이 일들을 하기 위해서는 전두엽을 사용해야 하는데 디지털 기기의 과다한 사용은 그 전두엽을 망가뜨립니다.

자기통제력

여성가족부에서 발간하는 〈청소년백서〉(2017)에 나오는 청소년들의 인터넷 이용 현황을 다음과 같이 보고하고 있습니다.

- 10대 청소년 중 하루 1회 이상 인터넷 이용: 93.9%
- 10대 청소년 주평균 이용 시간: 15.4시간
- 10대 청소년 인터넷 이용 용도: 여가활동(97.5%), 커뮤니케이션(95.1%), 자료정보검색(88.4%), 교육학습(72.4%)
- SNS이용: 대학생(91%), 고등학생(79.3%), 중학생(73.1%), 초등학생(28.5%)

- 10대 청소년 스마트폰 이용 빈도: 매일(87.6%), 전혀 안 봄'(6.7%)

- 10대 청소년 스마트폰 이용 시간: 2시간 이상(53.5%), 1시간 미만(20.6%)

- 음성통화를 제외한 스마트폰 하루 평균 이용 시간: 132.5분

- 10대 청소년 스마트폰 기능별 중요도: 정보검색 정보전달(83.9%), 커뮤니케이션(75.2%)

- 10대 청소년의 매체별 중요도: 스마트폰(88.8%), PC/노트북(58.1%), TV(47.2%), 잡지(3.2%), 라디오(6.2%), 종이신문(3.3%)

위 수치는 청소년들이 스마트폰 등의 디지털 기기를 통해 자신의 세계를 구축하고 있다는 것을 보여줍니다. 그럼 청소년들에게서 스마트폰 등의 인터넷 사용기기를 빼앗아야 할까요? 먹던 것을 빼앗는다고 식욕이 줄어드는 것이 아닙니다. 오히려 욕구가 더 증가합니다.

마찬가지로 인터넷 사용기기를 빼앗는 것은 큰 도움이 되지 못합니다. 따라서 청소년전문가들은 부모, 자녀가 대화를 통해 한계에 관한 규정을 정할 수 있도록 돕고, 청소년들이 자기통제능력을 개발할 수 있도록 해야 합니다.

어린아이들이 자기통제능력을 개발할 수 있는 가장 좋은 방법은 '놀이'입니다. '그대로 멈춰라' 할 때 멈추고, '무궁화 꽃이 피었습니다'를 할 때 멈춤으로써 규칙을 배우고 스스로를 통제하는 능력을 기릅니다. 이때 규칙을 따르지 않는 아이들은 규칙을 몰라서일 수도 있고, 충

동성 억제가 되지 않아서일 수도 있습니다.

충동성 억제가 안 된다면 놀이뿐만 아니라 디지털과 관련해서도 문제가 발생할 수 있습니다. 부모가 스마트폰을 빼앗거나, 혹은 게임을 금지해 아이들을 통제한다면 청소년들은 금지된 행동에 대해 더 목말라 할 것입니다. 부모가 보지 않을 때 금지된 행동을 할 것입니다. 그렇기 때문에 아이들과의 소통을 통해 규정을 정하는 것이 중요합니다.

과학을 보는 네 가지 태도

청소년지도자로서 디지털 원주민들과 함께 지내기 위해서는 디지털이라는 대상에 대한 입장을 정해야 합니다. 따라서 디지털 세대에 대해 알아보기에 앞서 먼저 학문적으로 정의된 과학을 보는 관점을 살펴보겠습니다. 로버트 와우진스키(2001)의 주장에 따르면 과학을 보는 데에는 네 가지 태도가 있습니다.

첫 번째 태도는 낙관주의입니다. 낙관주의적 태도는 장기적으로 내제된 기술의 위험을 배제합니다. 즉 모든 기술을 인간이 다 제어할 수 있다고 보며, 기술의 긍정적인 면만 바라봅니다. 인터넷이라는 공간이 새로운 방식의 소통 공간이며, 시간과 공간에 구속되지 않는 활동장소를 확보했다는 좋은 면만 보는 것입니다.

두 번째 태도는 비관주의입니다. 비관주의적 태도를 지닌 사람은 기술을 프랑켄슈타인과 같은 괴물로 취급합니다. 그래서 기술을 인간의 힘으로 통제할 수 없다고 생각하는 것입니다. 최근 우리나라의 원자력발전소를 놓고 토론을 했을 때, 위에서 설명한 낙관주의와 비관주의가 갈등하는 모습을 볼 수 있었습니다. 비관주의적 태도는 인공지능과 같은 기술을 대할 때도 인간이 컴퓨터에 의해 멸종할 것이라고 주장합니다.

세 번째 태도는 현실주의입니다. 현실주의적인 태도는 기술에 의한 실용성은 높이고, 위험은 최소화하는 것을 말합니다. 옳고 그름을 실용적으로만 판단하는 것입니다. 우리나라의 경우에는 현실주의적인 태도를 갖고 있는 경향이 높습니다. 그러다 보니 원자력 발전소도 실용적인 측면에서만 결정하려고 합니다.

네 번째 태도는 구조주의입니다. 이들은 인간의 자율성에서 시작되지 않은 원리가 있다고 봅니다. 즉 현실주의적이든 비관주의적이든 낙관주의적이든 이 같은 사고를 하는 것 자체가 인간의 자율성인지에 대해 의문을 던지는 것입니다.

이 입장을 견지한 사람들은 누군가 기술에 대한 생각도 넣어 주었을 것이라고 생각합니다. 또한 기술 자체가 인간의 기술이 아니라 사람이 만들어진 원리가 그 기술 안에 들어가 있을 것이라고 생각합니다. 하나님을 인정하는 사람들의 시각과 비슷합니다.

하나님께서는 아담과 하와에게 온 땅과 피조물을 다스리게 하셨습니다. 하나님께서는 인간이 문화와 기술적 혁신을 다스리기를 바라십니다. 인간의 문화는 다음세대에게 교육을 하도록 만들어졌습니다. 어떤 부모는 디지털 세대에 대해 우려하며 디지털을 못하게 하기도 합니다. 요즘 중독 문제가 너무 심각하기 때문에 이런 부모의 마음이 이해되기도 합니다.

그러나 이미 디지털 사회는 도래했으며 하나님께서는 우리가 이 디지털 세계 또한 다스리기를 원하십니다. 따라서 청소년지도자들은 디지털 세계를 다스리는 새로운 아담과 하와를 어떻게 만들어 낼지에 대해 고민해야 할 것입니다.

20

소비중심사회의 자기 정체성

여러분은 청소년을 만날 때 어떤 생각을 하나요? 저는 아이들을 만나면 그 속에 하나님이 숨겨 놓으신 잠재력과 계획에 대해 너무나 기대가 됩니다. 이 기대를 바탕으로 아이들이 잠재력을 발휘할 수 있게 지지하는 것이 청소년지도자의 역할입니다. 지도자와 마찬가지로 교회도 사람들을 만날 때 그들 속에 하나님께서 숨겨놓으신 하나님의 뜻을 보아야 합니다.

그런데 안타깝게도 사회는 청소년의 구매능력을, 교회는 성도들의 헌금을 평가합니다. 이는 소비주의 사회의 현상이며, 청소년의 일상과 밀접하게 관련되어 있습니다. 하나님께서는 우리에게 "너는 내 아들이다", 혹은 "너는 내 딸이다"라고 말씀하셨습니다. 그러나 21세기는 모든 사람이 주인이 아닌 소비자로 살아갑니다.

21세기에 유일하게 작동하는 사상이 있다면 그것은 소비주의(Consumerism)입니다. 공산주의도, 사회주의도, 자본주의도 무너졌다고 합니다. 이에 대한 대안 중 하나가 바로 소비주의입니다. 이런 소비주의는 몇 가지 특징을 갖고 있습니다.

첫째 소비주의는 물질과 부에 관한 우상숭배와 신격화를 함축합니다. '인간적인 규모'라는 것이 있습니다. 빌딩의 높이, 소비, 거주지의 넓이, 소유물에는 모두 인간적인 규모가 있습니다. 그런데 소비주의 사회에서는 이런 인간적인 규모를 벗어나기 때문에 자신의 소유물, 혹은 다른 사람에 소유물을 신격화합니다.

두 번째로 소비주의 사회의 구성원은 자신을 소비자로 생각합니다. 즉, 자녀로서 책임과 권한을 발휘하는 것이 아니라 소비자로서 권리만을 행사하는 것입니다. 이러한 소비주의 사회에서 아이들이 학교에 가면 그들은 교육소비자가 됩니다. 스승과 제자의 관계가 사라진 이유도 이때문입니다. 시장에 오면 사람들은 재화를 통해 생산물을 가져가는 시장소비자가 됩니다. 왕 '같은' 제사장이 아닌 왕인 손님이 되는 것입니다.

또 교회에 오면 사람들은 종교소비자가 됩니다. 이런 생각을 갖고 있는 사람들은 교회에서도 서비스를 받으려고 합니다. 여기에 익숙한 사람들은 대형교회의 서비스 패턴이 더 편하게 느껴집니다. 그 대형교회에서는 관계가 필요없으며 멋있는 단어, 찬양의 수준, 편안한 의자 등의 욕구를 채워주기 때문입니다. 소비주의 사회에서 사람들은 지식 소비자와 문화소비자로도 살아갑니다. 이들은 무언가 새로운 문화와 지식을 창출하려는 것이 아니라 지식과 문화를 구매합니다.

세 번째로 소비주의 사회에서 정체성은 자신이 소유한 것으로 증명 됩니다. '나는 소유한다. 고로 나는 존재한다.' 소비가 그 사람의 존재를 증명한다는 것을 보여주는 말입니다. 소비주의와 정체성은 긴밀한 관계에 있습니다. 사람들은 자신의 흔적을 통해 자신의 정체성을 보여줍니다. 그런데 21세기는 자신이 소유하는 것이 자신을 나타내는 사회가 되었습니다. 따라서 사람들은 차, 의류, 집, 돈, SNS 등이 자신을 말한다고 생각합니다.

소비주의 제단에 예배하고 있는 이 세상의 젊은이들이 어떻게 그들의 정체성을 찾아야 할까요? 이것을 고민하고 해결하려는 사람들이 바로 청소년지도자입니다. 이러한 소비주의 사회의 특징을 눈치 채지 못한다면 지도자 자신도 경쟁과 소비에 빠지게 됩니다.

성경에서 말하다

"나는 내 마음에 이르기를 자, 내가 시험 삼아 너를 즐겁게 하리니 (…) 예루살렘에 있던 모든 자들보다도 내가 (…) 소유를 더 많이 가졌으며 (…) 은, 금과 왕들이 소유한 보배와 여러 지방의 보배를 나를 위하여 쌓고 (…)

내 손으로 한 모든 일과 내가 수고한 모든 것이 다 헛되어 바람을 잡는 것
이며 해 아래에서 무익한 것이로다"_전도서 2:1, 7~8, 11

우리가 많은 것을 소유하면 그 소유물이 우리 자신을 증명해줄 것
만 같고, 이를 통해 우리가 행복해질 것이라고 생각합니다. 그런데 전
도자는 이것들조차 무익하며 헛되다고 말합니다. 물론 수 천 년 전의
고백이지만 전도자의 고백을 통해 우리는 소유의 의미를 생각해볼 수
있습니다.

"너희를 위하려 보물을 땅에 쌓아 두지 말라(…) 오직 너희를 위하여 보물
을 하늘에 쌓아 두라(…) 목숨이 음식보다 중하지 아니하며 몸이 의복보다
중하지 아니하냐"_마태복음 6:19~20, 25

예수님께서 위와 같이 말씀하셨습니다. 이것이 소비주의에 대해 성
경이 말하는 진리입니다. 우리는 우리가 소유한 것으로 스스로의 정체
성을 말하는 시대에 살고 있습니다. 남자들은 자신의 자동차로, 여자들
은 자신의 가방, 의류 등으로 자신을 증명하려고 합니다. 진정 자신의
자아를 이야기하고 드러낼 수 있는 시공간이 없다 보니 빠른 시간 안에
보여줄 수 있는 자신의 소유물로 자신의 정체성을 말하려고 하는 것입
니다. 이것이 우리가 사는 소비자 중심 사회의 특징입니다.

하나님께서는 소유에 큰 중요성을 두지 않으셨습니다. 이 땅도 하나님의 것이고, 하늘도 하나님의 것이기 때문에 소유보다는 공평, 평화, 공생에 초점을 두셨습니다. 그런데도 우리 사회는 더 많은 것을 소유하려고만 합니다.

소비자의 특성

앞서 살펴본 바와 같이 먼저 청소년들은 감각지향적 소비를 합니다. 이들은 기능보다 스타일과 패션을 중요시합니다. 합리적인 구매를 하는 어른들과는 다릅니다. 저의 경우도 다른 어른들처럼 흔히 말하는 '가성비'를 따집니다. 그런데 청소년들이 기능보다 스타일을 중요시하는 이유는 스타일이 자신의 정체성을 말하기 때문입니다. 애플사의 제품은 비싸고 한국에서 쓰기도 어렵지만 많은 젊은이들이 애플사의 제품을 쓰고 있습니다. 그 이유는 그 제품이 자신의 정체성을 말한다고 생각하기 때문입니다.

청소년 소비자에게는 광고의 영향도 크게 작용합니다. 광고가 마음에 들어 제품을 구매하는 경우도 허다합니다. 실제로 그 제품을 보고 유용성을 판단하는 것이 아니라 광고가 재밌거나 멋있으면 사는 것입니다. 그러다 보니 기업에서는 아이돌과 같은 유명인을 광고에 기용하고, 그 광고비를 감당하기 위해 상품의 가격을 올리는 것입니다.

청소년소비자는 차별화된 구매를 합니다. 독특한 상품을 구매함으로써 타인과 자신을 구분하는 것입니다. 카페 중에서도 잘 되는 곳은 스타벅스뿐이라고 합니다. 스타벅스 컵을 들면 그 브랜드가 자신을 증명해준다고 생각하기 때문입니다. 스타벅스 창업자도 자신들은 커피를 파는 것이 아니라 문화를 파는 것이라고 말했습니다. 젊은이들은 스타벅스의 독특한 문화를 구매하고 싶어합니다.

또한 청소년소비자는 과시소비 형태를 보입니다. 한때는 학교에 가면 대부분의 학생들이 '노스페이스' 패딩을 입고 있었습니다. 처음에는 교복인 줄 알았습니다. 그런데 청소년들은 같은 브랜드의 패딩 중에서도 차별화된 패딩을 선호했습니다.

20~30만 원대가 아닌 50~60만 원대, 그리고 100만 원대까지 구매를 하며 과시소비의 행태를 보이는 것입니다. 물론 진짜 100만 원짜리 패딩이 따뜻해서 구매를 하는 것일 수도 있지만 더 저렴한 제품 중에도 따뜻한 옷이 있음에도 비싼 패딩을 사는 것은 그 브랜드 제품이 자신의 가치를 증명한다고 생각하기 때문입니다.

마지막으로 청소년소비자는 충동구매의 특징을 보입니다. 요즘 젊은이들은 '지름신이 임했다'는 표현을 합니다. 합리적인 사고를 거치지 않고 충동적으로 '질러버리는' 것입니다. (권미화, 2000)

지도자는 위와 같은 청소년소비자의 특징을 연구해야 합니다. 우리나라도 계속해서 청소년의 소비경향을 연구하고, 이를 바탕으로 기업들이 어떻게 대비를 해야 할지에 대해서도 연구하고 있습니다.

그렇다면 크리스천들은 이에 대해 어떤 행동을 취해야 할까요? 우리는 소비사회에서 위와 같은 소비행태를 보이는 청소년들의 마음을 봐야 합니다. 소비를 통해 얻는 이득만을 기뻐할 것이 아니라 소비하는 청소년들의 영혼을 봐야 한다는 것입니다.

상품화된 다음세대

이러한 소비주의의 궁극적 효과는 실존적 공허입니다. 자신이 가지고 있는 상품이 자신을 말하기 때문에 그 소유물을 빼고 나면 아무것도 남지 않는 것입니다. 'Selfless', 즉 자아가 없는 것입니다. 소비사회에서 자아가 없는 사람들은 외로움을 느낍니다.

이를 극복하려면 진정한 자아가 또 다른 진정한 자아를 만나 대화를 통해 위로의 관계를 형성해야 합니다. 그런데 현대사회에서는 이런 친밀감조차 사라졌습니다. 단적인 예로 지하철에 타면 사람들은 모두 침묵하고 묵묵히 광고만을 주시합니다.

사람들은 서로 돕지 않으며, 사랑, 친밀함을 상실했습니다. 오로지 공허만이 가슴에 남았습니다. 이런 사회에서 사람들은 진정한 자아로 살아가는 것이 아니라 구매능력을 키우기 위해 시공간을 소비하며 살아갑니다. 이와 같은 사회적 흐름은 청소년을 아르바이트로 몰아내고 있습니다.

소비주의 사회의 문제를 보면 먼저 사람들이 정체성을 상실합니다.

에서가 팥죽에 자신의 장자 권리를 팔아버리듯이 사람들이 정체성을 잃어버리는 것입니다. 에서는 식욕 때문에 자신의 정체성, 하나님께서 주신 권한을 버렸습니다.

에서의 이야기는 우리의 이야기와도 같습니다. 우리는 우리의 욕구 때문에 아들로서, 딸로서의 권리를 다 잃어버립니다. 자녀는 집의 주인입니다. 무언가 보상받지 않아도 책임이 있고, 자신만의 권리가 있습니다. 그러나 우리 시대 청소년은 소비주의에 의해 주인집 자녀가 아닌 종으로 전락해 버렸습니다.

두 번째 문제는 성상품화입니다. 사랑은 비용이 많이 듭니다. 사람들과의 관계, 관계 속에서 필요한 시간과 에너지, 노력 등이 사랑에 필요한 비용입니다. 그런데 소비사회에서는 이러한 것을 다 생략하고 구매할 수 있도록 만든 것이 바로 '성상품화'입니다. 최근 아이돌 가수의 노래 가사를 보면 성을 상품화했다는 것을 알 수 있습니다.

뿐만 아니라 춤 동작도 성적인 메시지를 주고 있습니다. 성상품화는 우리가 성을 구매하게 하는 것 같지만 궁극적으로는 성이 우리 자신을 상품화합니다. 성상품화를 통해 친밀감을 상실한 가짜 사랑을 할 수 있기 때문입니다.

자아상품화의 문제도 있습니다. 페이스북이나 인스타그램과 같은 SNS 매체를 통해 자신을 표현하고 사람들의 반응을 통해 자신의 가치를 느끼는 것입니다. 그러나 이렇게 상품화된 자아는 진정한 자아가 아닙니다.

상품화된 거짓 자아를 벗어 버리면 아무것도 남는 것이 없기 때문에 삶의 의미를 상실합니다. 그리고 이는 영적 공허와 외로움으로 이어집니다. 이 시대가 '자살하는 사회'가 된 이유는 공허함에서 오는 것입니다. 이 공허함을 채우기 위해 청소년들은 자신을 꾸밈으로써 자신의 공허함을 가립니다.

물론 공허함을 느끼지 못하는 경우도 있습니다. 오늘 하루 벌어 하루 먹고 사는 것이 힘들다면 공허함에 대해 고민할 시간도 없습니다. 그런데 조금 여유로워지면 그때부터 자신의 정체성을 묻는 목소리를 듣게 됩니다.

우리는 소비가 우리를 증명하지 않는다는 것을 알고 있습니다. 그렇기 때문에 그 소비를 빼고는 아무것도 없는 자신을 발견하고는 공허함을 느끼는 것입니다. 우리가 사는 사회도 공허한 사회입니다. 다 숨기고 살고 행복한 것처럼 살아가는 사회인 것입니다.

21

거짓 열정에서 자유하게 하라

그렇다면 상품화된 청소년들을 우리는 어떻게 대해야 할까요? 먼저 청소년지도자는 청소년의 존재 자체를 사랑해야 합니다.

소비주의 사회에서는 모든 사람을 소비자로 보기 때문에 상대가 무언가를 요구한다면 꼭 물질적인 부분이 아니라고 하더라도 대가를 지불하게끔 합니다. 그러나 하나님의 사랑은 그렇지 않습니다. 우리가 대가를 지불하지 않아도 하나님은 우리를 사랑하십니다. 하나님께서는 우리를 자녀의 존재 그 자체로서 사랑하시기 때문입니다.

지도자는 청소년에게 이러한 메시지를 말할 수 있어야 합니다. 청소년들이 자신을 상품화하기 위해 꾸미지 않아도, 노력하지 않아도, 그들의 모습 그대로를 사랑한다고 말씀하신 하나님의 음성을 듣게 해주어야 합니다.

"그럼에도 불구하고 사랑해."

두 번째로 우리는 하나님께서 청소년에게 주신 시공간을 제공해야 합니다. 비록 비용이 들겠지만 청소년들에게 시공간을 제공하고, 그들과 충분한 시간을 보내길 권합니다.

그런데 정작 중요한 것은 부모가 아이들과 함께 보낼 수 있는 시간이 없다는 것입니다. 부모가 시간이 없는 이유는 돈을 벌어야 때문입니다. 부모는 자신의 시공간을 돈을 버는 데 쓰고, 여기서 번 돈을 학원 선생님에게 주며 자신을 대신해 아이들에게 시공간을 써 달라고 합니다.

부모님이 없이 성장한 아이들은 영혼의 구멍이 뚫리게 됩니다. 학원 선생님이 자녀들과 시공간을 함께한다고 해도 이 영혼의 구멍을 메울 수는 없습니다. 따라서 아이들은 부모와 충분한 시간을 보낼 필요가 있습니다.

세 번째로 지도자는 청소년들과 함께 영적인 회복을 해야 합니다. 소비주의는 우리에게 구매하라고 지배하는 힘입니다. 이에 대립되고 있는 것이 영적인 회복력입니다. 우리가 팔아야 될 하나의 브랜드가 있다면 그 브랜드는 '예수'입니다. 어느 시대이든 지지 않았던 크리스천의 브랜드가 있는데 그것은 '예수'였습니다.

예수님께서는 소비주의 사회의 메시지와는 정반대의 메시지를 주셨습니다. 돈 사랑함이 일만 악의 뿌리라고 말씀하셨으며, 십자가를 지는 모습을 통해 진정한 삶의 모습을 보여주셨습니다. 우리는 그 예수를 자랑해야 하고, 그 예수가 우리의 사역의 중심이 되어야 하는 것입니다. 그것이 진정한 자유입니다.

진정 원하는 것

예수님께서는 "진리를 알지니 진리가 너희를 자유케 하리라"라고 말씀하셨습니다. 마찬가지로 상품화된 청소년들도 자유해야 합니다. 소비주의에 의한 존재, 자아를 잃어버린 존재, 무감각한 존재들이 자유를 찾도록 어떻게 도울 수 있을까요?

청소년이 진정으로 원하는 것들 중 하나는 열정적인 일입니다. 자신의 인생을 투자해도 아깝지 않을 열정적인 일을 찾고 싶어하는 것입니다.

게임, 쇼핑, 알콜, 성취는 거짓 열정입니다. 열정은 무엇일까요? 영어로 'passion'이라는 단어도 있지만 'enthusiasm'이라는 말도 있습니다. 'enthusiasm'은 신(theos) 안에(en) 있다는 것을 의미합니다. 즉 예수님 안에 있는 것이 열정이라는 것입니다. 진정한 열정은 전 인류를 구원하기 위해 오신 예수 그리스도의 열정에서 옵니다.

최근에 전 세계적으로 큰 문제를 일으키고 있는 IS에 대해 생각해 보았습니다. 멀쩡한 젊은이들이 왜 IS와 같은 테러 단체에 빠지는 것일까요? 젊은이들은 뜨거운 열정을 가지고 있습니다. 젊은이들은 폭력적인 단체라도 자신들이 가진 에너지를 발산하기 위해 IS 같은 테러 단체를 따라갑니다.

따라서 청소년들이 청소년기에 진정한 열정을 만나도록 하는 것이 중요합니다. 즉 그리스도 안에 새로운 자아로 태어날 수 있도록 청소년들에게 새로운 공간, 그리스도를 만나게 해야 합니다. 이것을 돕는 사람들이 청소년지도자이고 멘토입니다.

청소년들 주변에는 이러한 어른들이 없다 보니 아이들은 가짜 열정을 좇아갑니다. 청소년을 만나 단순히 어떻게 살아야 한다고 말하는 것만으로는 부족합니다. 삶의 현장에서 그리스도인으로 살아내고 또 열정으로 살아가야 합니다. 무대 위에서만 하나님의 사람이면 안 된다는 것입니다. 진짜는 진짜를 알아봅니다.

청소년들은 아주 순수하기 때문에 진짜를 알아봅니다. 지도자는 청소년들이 진짜인 사람들을 만나게 해주어야 하고, 또 여러분도 진짜가 되어야 합니다. 이것이 상품화된 청소년을 자유케 하는 방법입니다.

내가 안 버렸어요!

청소년들에게 땅에 떨어져 있는 휴지를 치우라고 하면 가장 많은 반응이 "내가 안 버렸어요"입니다. 청소년들과 프로그램을 진행할 때 선생님들이 가장 힘들어하는 청소년들의 모습은 "선생님은 돈을 받고 하는 거지요?"입니다. 자원봉사를 하다가도 청소년들의 소비자적인 반응을 보일 때 하던 일을 그만두고 싶어집니다.

그런 세대에게 가장 먼저 가르쳐야 할 일이 봉사입니다. 봉사를 통해서 청소년 자신이 사회의 소비자가 아니라 일원으로서 의미를 찾게 할 수 있습니다.

어떤 기관에서 청소년들에게 봉사활동을 가르칠 때 있었던 일입니다. 봉사활동의 규칙을 일주일 단위로 한 번에 1시간 이상 몸을 움직여서 하는 활동으로 정했습니다. 그리고 청소년들에게 각자 할 봉사활동을 찾아보라고 했습니다. 그러자 한 청소년이 다음과 같은 계획을 했습니다.

"선생님 저는 매주 1,000원을 기부하겠습니다. 매주 한 번씩 한 시간을 해야 하기 때문에 손에 천 원짜리 지폐를 들고 기부통까지 한 시간을 다녀오겠습니다. 그렇게 하면 모든 규정에 맞게 봉사를 하는 거지요?"

청소년이 이렇게 된 이유는 어른들의 잘못이 큽니다.

중학교를 홈스쿨 하고 고등학교를 다녔던 둘째 아들은 학교에서 매일 청소를 했습니다. 왜 그렇게 했냐고 물었더니 다음과 같이 말을 했습니다.

"학교에 가니까 지각한 학생을 청소를 시키더라구요."

그래서 둘째는 선생님을 찾아가 이렇게 말했다고 합니다.

"청소는 다른 사람을 이롭게 하고, 환경을 깨끗하게 하는 것인데 잘못을 한 친구들에게 청소를 시키는 것은 잘못된 교육입니다. 이런 식의 교육은 우리가 사회인이 되었을 때 청소는 잘못한 사람이 하는 일이라고 생각하게 하는 안 좋은 교육입니다."

선생님이 어이없어 할 때 둘째는 이렇게 말했습니다.

"선생님, 제가 1년 동안 청소하겠습니다."

둘째는 1년 동안 열심히 청소를 했고, 1년이 지날 때 학교에서 봉사시간 120시간을 채워 왔습니다.

소비중심사회에 사는 청소년지도자로서 다음세대에게 해야 할 가장 중요한 것은 우리는 소비자가 아니라 자녀라는 사실입니다. 소비시장에서 돈이 없어 소외되었던 청소년들이 우리를 만날 때는 자녀로서의 대접을 받았으면 합니다. 누가 뭐래도 자녀로서 살 수 있는 것은 크리스천이 가질 수 있는 최대의 특권입니다.

PART 8

예수 중심의

청소년사역

22

청소년지도자의 위치

청소년사역에 있어 가장 중요한 것은 지도자 자신이 그 사역을 왜 하고 있는지를 생각하는 것입니다. 이는 지도자의 소명과도 밀접하게 연관되어 있습니다. 슈메이커는 자신의 소명을 이렇게 말했습니다.

나는 문 옆에 서 있겠습니다.

너무 깊이 들어가지도 않고,

그렇다고 너무 밖으로 나가지도 않도록

그 문은 이 세상에서 가장 중요한 문,

사람들이 하나님을 찾기 위해 걸어 들어가는 문

내가 그 문 안에 들어가 머물면 소용이 없습니다

내가 그랬던 것처럼 많은 이들은 아직도 밖에서

그 문이 어디 있는지를 알고자 합니다.

그런데 그들이 문이라고 찾은 것은

그저 벽일 뿐

그들은 마치 눈 먼 자들처럼 손을 뻗어 벽을 더듬습니다

거기서 문을 느끼려고, 분명 문이 있다는 걸 믿으면서

그러나 그들은 문을 절대 찾지 못합니다

그래서 나는 문 옆에 서 있겠습니다

이 세상의 가장 위대한 일은

하나님께로 가는 문을 찾는 것

누군가 할 수 있는 가장 중요한 일은

눈 먼 자들의 뻗은 손을 잡아

손으로 한 번 누르면 열리는

자물쇠로 이끄는 것

한겨울, 잔혹한 도시의 추운 밤

굶주린 거지가 죽듯

사람들은 문 밖에서 죽어갑니다.

그 손에 뭐라도 쥐길 갈망하며 죽어갑니다

그 문을 찾지 못해 그들은 문 밖에서 살고 있습니다

그들이 문을 찾고, 열고, 걸어 들어가

그분을 찾는 것보다 중요한 건 아무것도 없습니다

그래서 나는 문 옆에 서 있겠습니다

위대한 성인들을 지나 그 안으로 가다 보면,

동굴같은 지하 저장고를 내려가면

그리고 넓은 다락방으로 올라가면

그곳은 하나님이 있는 넓은 집

깊이 숨겨진 창틀, 침잠, 성인들

그 안으로 들어가면

어떤 이들은 그 안 방에서 살아갑니다

그들은 하나님의 높이와 깊이를 알고 있습니다.

그리고 밖에 있는 우릴 향해 그곳이 얼마나 아름다운지 말합니다

가끔 나는 그 안을 깊이 들여다 봅니다.

가끔 나는 너무 깊숙이 들어갑니다.

그러나 나의 자리는 문이 열리는 그곳

그래서 나는 문 옆에 서 있겠습니다.

내가 그곳에 서 있는 또 다른 이유가 있습니다

어떤 사람들은 어느 정도 들어왔다가 두려워합니다

하나님은 위대하시고 우리 모두에게 물으시기에

하나님과 그의 열심이 그들을 집어삼킬까봐

이들은 우주의 밀실공포증을 느낍니다.

'나가게 해줘'라고 소리치며, 이곳으로부터 탈피하고 싶어합니다.

저 안에 있는 사람들은 이와 같은 이들을 더 무섭게 할 뿐

누군가는 문 옆에서 그들이 망가졌다고 말해줘야 합니다.

지난 날 동안 그들은 너무 많은 것을 봤습니다

하나님을 한 번만 맛봐도, 하나님은 어떤 것이든 하십니다

그 안은 훨씬 더 좋다고 말해주기 위해

자신들이 온 곳으로 빠져나가려는 이 겁먹은 자들을

누군가는 돌보아야 합니다

저 안에 있는 사람들은 그 곳의 신비에 사로잡혀

이들이 거의 떠나려는 걸 알지 못합니다

문 안으로 들어왔지만 도망가려는 이들을

누군가는 돌보아야 합니다

그래서, 그들을 위해서,

나는 문 옆에 서 있겠습니다

문 저 안으로 들어간 이들을 존경합니다

그러나 그들이 문 안으로 들어가기 전이 어떠했는지를

망각하지 않았으면 합니다.

아직도 문을 찾지 못한 사람들을 도울 수 있도록

하나님으로부터 도망가고 싶어하는 이들을 도울 수 있도록

당신은 그 안으로 깊이 들어가 그 안에서 오래 머물며

문 밖에 있는 사람들을 망각할 수 있습니다

나는, 나에게 익숙한 그 자리에 있겠습니다

하나님의 소리를 들을 수 있고 존재를 알 수 있을 정도로 가깝지만

사람들의 소리를 듣고 그들을 망각할 정도로 멀지 않게

문 밖에 있는

수 천 명, 수백만 명의 이들

그러나 나에게 더 중요한 것은

그들 중 한 명, 두 명, 열 명

내가 자물쇠로 이끌 수 있는 누군가의 손

이를 찾는 사람들을 위해

나는 문 옆에 서서 기다리겠습니다

나는 차라리 문지기가 되겠습니다

그래서 나는 문 옆에 서 있겠습니다.

- 샘 슈메이커, 나는 문 옆에 서 있겠습니다

그는 하나님의 말씀을 듣기 위해 사람들의 소리를 듣지 않는 것은 잘못되었다고 말합니다. 즉 문 안으로 들어가면 우리의 사역 대상인 사람들의 목소리가 들리지 않기 때문에 문 밖에 서 있겠다는 것입니다. 하나님의 목소리를 들을 수 있을 만큼만 떨어진 곳, 사람들의 목소리를 들을 수 있는 곳이 바로 문 밖입니다.

우리는 다음세대를 위해 부름을 받은 사람들입니다. 청소년들은 자신의 정체성, 직업 그리고 삶의 의미를 찾기 위해 고민하고 있습니다. 그들은 세속적이고, 디지털화된 소비문명에 빠져 길을 잃었습니다. 그러나 하나님은 우리에게 "너희가 온 마음으로 나를 구하면 나를 찾을 것이요 나를 만나리라(예레미야 29:13)"고 하셨습니다. 그리고 "또 여호와를 기뻐하라 그가 네 마음의 소원을 네게 이루어 주시리로다(시편 37:4)"라고 하셨습니다.

청소년사역이 한계에 왔다는 이야기도 많이 하지만 우리가 온 마음을 다해 구한다면 하나님을 만날 수 있습니다. 이 말씀을 통해서 우리는 확신을 갖고 청소년사역을 해야 합니다. 소비주의 사회이든, 디지털 사회이든 간에 이 세상의 주인은 하나님입니다.

23

예수 중심의 청소년사역

교회가 가지고 있는 청소년사역의 상황은 다음과 같습니다. 먼저 교회는 소극적 사명을 갖고 있습니다. 어떤 교회이든 다음세대를 위한 계획이 없는 교회는 없습니다. 그런데 실질적으로 다음세대 사역을 감당하기 위해 무언가를 하는 경우는 드뭅니다. 교회가 청소년들을 알지도 못하고, 알려고 하는 노력도 부족합니다.

우리는 물질문명 사회에 살고 있기 때문에 교회가 다음세대에 얼마나 집중하는지를 보려면 다음세대를 위한 예산 비율을 보면 됩니다. 그런데 안타깝게도 다음세대를 위한 예산 비율은 매우 적고, 교회 재정이 힘들어지면 교육비부터 줄이는 모습을 볼 수 있습니다. 또 교회 건물을 짓고 빚을 갚기 위해 교육부 예산은 거의 사라지는 경우도 있습니다.

선교를 하고, 교회 건축에 목표를 둘 뿐만 아니라 교회 건물을 위해 많은 지원을 하지만, 청소년사역에 많은 지출을 하는 것은 아까워합니다. 이에는 청소년사역과 교육이 그만큼 중요하다고 설득하지 못한 청소년지도자인 저와 같은 사람들의 잘못도 있습니다.

두 번째는 접근하기 어려운 교회입니다. 청소년들이 교회의 문턱을 넘어오기가 어려워진 사회가 된 것입니다. 저만 해도 평일에 다른 교회에 들어가 조용히 기도하고 나오기가 쉽지 않습니다. 교회는 하나님의 것임에도 불구하고 교회에 들어가면 눈치를 먼저 보게 됩니다. 청소년이나 혹은 예수를 전혀 모르는 사람들이 처음 교회를 접근할 때 어떨지 상상해 보면 그들이 큰 문화충격을 받으리라는 생각이 듭니다.

세 번째로 이 시대의 청소년은 경제적, 사회적으로 힘이 없습니다. 예수님 당시에도 예루살렘에 있는 사람들은 경제적, 사회적, 정치적 지위를 비롯한 많은 것을 가지고 있었습니다. 그들과 비교해서 갈릴리 사람들은 아무것도 갖기 못한 사람들이었습니다. 이런 의미에서 청소년은 현대의 갈릴리인이라고 할 수 있습니다.

그러나 예수님께서는 예루살렘 사람들이 아닌 갈릴리 사람들과 더 많이 동고동락 하셨습니다. 그리고 예수님의 제자 중 다수는 갈릴리 사람들이었습니다. 예수님께서 지금 이 시대에 오신다면 누구의 스승으로 계실까요?

네 번째는 청소년들의 모험이 사라졌다는 것입니다. 도전과 모험은 원래 청소년들이 가지고 있는 기능 중 하나입니다. 청소년기에는 도전하며 성취하는 경험이 필요합니다. 그런데 이 사회는 청소년의 도전을 다 막아 버렸습니다. 폴 트루니에가 이야기 한 '모험으로 사는 그리스도인'이 되거나, 혹은 아브라함처럼 본토 친척 아비의 집을 떠나는 것을 두려워합니다. 그러다 보니 너무 이른 시기에 안정성만을 추구합니다.

요즘 젊은이들이 자주 쓰는 말 중에는 '이생망'이라는 말이 있습니다. '이번 생은 망했다'라는 뜻입니다. 고시원에서 취업 준비를 하는 청년들이 건물 옥상에서 비싼 건물들을 보며 이번 생을 틀렸다는 생각을 한다고 합니다. 이런 세대를 살고 있는 청소년들을 어떻게 교회로 불러야 할까요? 이것이 청소년지도자의 기도제목입니다.

예수 중심 사역

우리는 기도할 때 하늘에 계신 '나'의 아버지가 아닌 '우리'의 아버지라고 기도합니다. 즉 '나'라는 개인을 통해 하나님을 받아들이는 것이 아니라 '우리'라는 공동체를 통해 하나님을 영접하는 것입니다. 교회가 너무 개인적인 구원만을 이야기하다 보니 '우리'를 잊어버렸습니다. 사역은 공동체와 함께해야 합니다.

청소년사역에 있어 가장 중요한 것은 무엇일까요? 먼저 청소년사역은 '임마누엘(하나님께서는 우리와 함께 하신다)'에서 시작해야 합니다. 또한 하나님은 우리의 아버지라는 것입니다. 이런 생각을 바탕으로 우리는 공동체로 살아야 합니다. 세상에서는 공동체를 말할 때 자신들의 이익만을 따지는 'community'를 형성합니다. 그런데 우리가 추구하는 공동체는 'communium'입니다.

하나님께서 주인인 공동체는 상호경청, 상호존중, 상호내주 (Pericoresis)가 이루어지는 공동체입니다. 이 중심에는 임마누엘 되신 예수 그리스도가 있어야 합니다. 또한 AD/BC라는 시대 구분에도 나타나듯이 세상과 역사의 중심인 예수 그리스도를 우리 사역의 중심에 놓아야 합니다.

예수가 빠진 사역은 잘못된 사역입니다. 물론 우리가 사역을 할 때 인권과 복지를 생각하는 것은 아주 좋은 접근입니다. 그러나 그 가운데 예수가 빠져 있다면 이는 잘못된 접근입니다.

예를 들어 우리가 알고 있는 세상의 많은 단체들은 청소년 인권과 복지를 위해 노력합니다. 그러나 그 가운데 예수가 빠져 있다면 우리는 이를 '청소년사역'이라고 하지 않고 '청소년사업', '청소년교육'이라고 부릅니다. 우리는 청소년사역을 하는 청소년지도자입니다. '사역'이라고 부르는 순간 그 사역의 중심에는 예수가 있어야 합니다.

예수님의 삶과 가르침은 특별히 젊은이들에게 영향을 주었다. 그들이 예수 그리스도가 나타났을 때 안내와 형태를 따르는 것은 매우 자연스러운 일이었다. _프란시스 클락, 1916

복음전파에서 가장 중요한 것은 예수를 전하는 것입니다. 예수가 우리의 길이고 생명이며 진리라는 것을 전해야 한다는 것입니다.

> 짐 레이번(청소년지도자)은 내가 만난 가장 위대한 기독교인이었습니다. 짐은 내가 휘튼대학에서 공부하고 있을 때 나에게 많은 영향을 주었습니다. 그 후에 나는 목회자가 되어 YFC(Youth for Christ)의 지도자가 되었고 그가 준 불씨는 내가 오랜 기간 용기 있는 사역을 하게 하였습니다. _빌리 그레함목사가 짐레이번의 소천소식을 듣고 가족에게 보낸 편지 중에서

빌리 그레함은 짐 레이번에게 큰 영향을 받아 YFC의 리더가 되었습니다. 빌리 그레함도 마찬가지지만 미국의 대형교회의 많은 목사님들의 사역은 청소년사역부터 시작했습니다.

왜 그랬을까요? 청소년지도자보다 15년에서 20년 정도 어린 청소년들을 이해하기 위해서는 지도자가 청소년들의 눈높이를 맞추어야 합니다. 청소년들이 성인이 되었을 때도 그들을 이해할 수 있는 사람은 그들과 함께한 청소년지도자여서 시간이 지나도 그들과 함께하며 사역의 폭을 넓힐 수 있는 것입니다.

찰스 쉘톤은 청소년의 영성을 '그 무엇보다 예수 중심'이라고 표현했습니다. 또 한국에 잘 알려진 릭 워렌은 『예수 중심 청소년사역』이라는 책을 출간했습니다. 책 제목에서 알 수 있듯이 예수 그리스도는 우

리의 모든 사역의 모범이며, 우리의 사역은 오직 예수의 이름으로만 가능합니다.

청소년은 그들이 신뢰하는 누군가가 예수에 붙들려 있을 때 열정적인 신앙을 갖게 됩니다. 이는 그들이 예수를 만나지 못했다고 할지라도 성립하는 이야기입니다. 저는 '예수님처럼 살자'라는 말은 잘못되었다고 생각합니다. 우리는 예수님처럼 살 수 없기 때문입니다. 예수님처럼 살 수 있다고 생각한다면 그것은 영적인 오만이고 어린아이와 같은 생각입니다. 다만 우리는 예수님을 힘입어 살아야 합니다.

우리가 예수님처럼 살 수 없다고 고백하고, 나는 할 수 없다고 시인하며 예수를 힘입어 다시 태어나야 합니다. 그리고 우리 스스로는 항상 실패하니 예수를 힘입고, 예수가 우리 마음의 중심이 되어 살아야 한다는 것을 깨달아야 합니다.

"이는 내게 사는 것이 그리스도니 죽는 것도 유익함이라"_빌립보서 1:21

나는 죽고 예수 그리스도가 사는 삶은 강력한 영적인 사역의 기초가 됩니다. 우리 안의 욕망은 죽고 예수가 산다면 우리가 실패하더라도 그것은 실패가 아닙니다. 우리 안에 계시는 그리스도가 항상 우리를 선한 길로 인도하실 것이기 때문입니다. 그것이 예수 중심의 사역입니다.

예수 중심의 사역을 하기 위해서는 총체적 실천신학을 바탕으로 총체적 청소년사역을 해야 합니다. 즉 전인적인 사역을 해야 한다는 것입니다. '전인적'이라는 것은 한 사람이 속해 있는 사회와 문화, 제도를 한꺼번에 본다는 것입니다. 현실과 단절된 신학은 피상적인 사역을 만들어 냅니다. '영혼 구원'이라고 해도 현실과는 동떨어진 영혼 구원이라면 그것은 잘못된 접근입니다.

예수 그리스도는 죄인을 구원하러 오셨습니다. 그러나 우리가 살고 있는 사회적 시스템은 우리에게 부정적인 영향을 줍니다. 우리가 알고 있는 사회적, 문화적 배경이 예수를 잘못 이해하게 했기 때문입니다. 교회 역시 교회 중심의 크리스텐돔(교회가 세상의 중심이다)적 사고로 사회적 변화에 민감하지 못한 실수를 범했습니다. 즉, 교회가 개인구원과 사회구원을 분리해 설명하려고 했다는 것입니다.

3%의 소금이 97%의 물속에 있다면 물은 짜집니다. 우리는 물이 아니라 소금입니다. 그러나 소금은 물속에서 그 역할을 할 때 물이 짠맛을 잃지 않습니다. 그렇기 때문에 후기 크리스텐돔 사회에서는 개인과 사회 시스템을 함께 고려하는 총체적인 사역을 해야 합니다. 우리가 살고 있는 사회를 도외시하고 개인적 구원만을 이루는 것은 잘못되었다는 것입니다.

총체적 사역을 하기 위해서는 네 가지를 생각해야 합니다. 먼저 청소년의 요구를 생각해야 합니다. 두 번째는 문화적 요구를 생각해야 합니다. 이는 앞서 설명한 생태주의적 접근과도 관련이 있습니다. 즉 한 청소년을 둘러싸고 있는 배경을 알아야 그 청소년의 요구에 대해 더 정확히 파악할 수 있습니다.

세 번째는 세상의 변화입니다. 세상을 더 밝고, 더 짜게 하기 위해 우리가 어떻게 해야 하는지를 생각해야 합니다.

네 번째는 개인의 구원을 생각해야 합니다. 과거 신학은 개인의 구원에만 초점이 맞춰져 있었습니다. 그런데 사역을 발전시키기 위해서는 개인의 구원뿐만 아니라 청소년의 요구와 문화적 요구에 맞추어 세상을 변화시키려는 생각을 해야 합니다.

이것이 총체적 신학에서 가져온 총체적 청소년사역의 틀입니다. 신학과 사역이 총체적으로 이루어지지 않는다면 우리는 "지극히 높은 곳에서는 하나님께 영광이요, 땅에서는 기뻐하심을 입은 사람들 중에 은혜로다"라고 말할 수 없습니다.

24

총체적 접근

21세기 청소년사역의 새로운 방향은 크게 다섯 가지로 나눌 수 있습니다.

첫 번째는 청소년의 도전과 모험을 추구해야 합니다. 현재 청소년들이 살아가는 세상은 안정감으로 만들어집니다. 요즘 청소년이 가장 추구하는 직업은 건물주, 혹은 공무원입니다. 안정성을 추구하기 때문입니다. 이런 생각을 누가 심었을까요? 부모와 학교, 그리고 이 사회입니다. 월급이 안정적으로 나오는 곳에서 일하라고 계속해서 메시지를 보내는 것입니다.

도전과 모험을 했던 그리스도인들은 교회 안에 없습니다. 교회가 도전과 모험으로 살지 않기 때문입니다. 처음 복음이 전파될 때는 도전과 모험을 하는 사람들이 많이 모였습니다. 그런데 시간이 지나며 안정만을 추구하는 사람들이 공동체의 주도권을 잡기 시작했습니다. 그리고 그들은 자신들이 영원히 살 것처럼 교회를 운영했습니다. 이런 환경은 도전과 모험을 하는 사람들로 하여금 공동체를 떠나게 합니다.

하나님께서는 언제나 본토 친척 아비의 집을 떠나라고 하셨습니다. 그렇다면 청소년들에게 어떻게 도전정신과 모험정신을 줄 수 있을까요? 청소년들이 도전과 모험을 발휘할 수 있는 곳은 어디일까요?

교과서나 성적은 도전과 모험의 장이 아닙니다. 물론 진정한 도전과 모험을 하기 위해 공부가 거쳐 가야 할 과정이 될 수는 있습니다. 그러나 청소년들에게는 공부보다는 더 큰 모험과 도전의 기회를 제공해야 합니다. 청소년지도자는 청소년들이 새로운 길을 개척하고 도전할 수 있도록 계속해서 지지해야 합니다.

두 번째는 청소년의 성품을 길러야 합니다. 의지력이나 절제 및 성령의 9가지 열매는 사람의 성품을 이야기합니다. 대한민국에서도 2015년도에 인성교육법이 만들어지면서 전 학교 및 군인과 직장에서 인성교육을 시행하고 있습니다. 성품교육은 교회가 오래 전부터 주장하던 영역이고 잘 할 수 있는 부분입니다.

크리스천의 인성교육에서 가장 중요한 것은 우리가 하나님의 성품을 닮는 것입니다. 우리의 모습 속에 하나님의 형상이 나타나도록 해야 한다는 것입니다. 하나님께서는 "내가 거룩하니 너희도 거룩하라"고 말씀하셨습니다. 이를 따라 청소년지도자는 자연스럽게 하나님의 성품 안에서 아이들이 하나님의 성품을 알아가고 또 닮아가게 하는 교육을 해야 합니다.

세 번째는 청소년이 봉사를 통해 소속감과 정체성을 찾아야 합니다. 청소년기에는 봉사활동보다는 봉사교육이 더 중요합니다. 스스로를 잃어버릴 정도로 다른 사람이나 환경에 자신을 집중하고 있을 때 청소년들은 자신의 정체성을 발견합니다.

봉사교육은 교회의 역할과도 깊은 관련이 있습니다. 교회의 역할에는 예배와 복음전파, 교육, 봉사, 나눔(친교)이 있습니다. 현재 대부분의 교회는 예배와 복음전파에만 집중하고 교육과 봉사, 나눔의 역할을 제대로 수행하지 못하고 있습니다. 봉사는 자아를 인식하게 하고, 타인과 사회를 이해하게 하며 사회변화를 이룰 수 있게 합니다.

우리가 우리 자신에게 집중한다고 우리의 자아를 인식할 수 없습니다. 에릭 에릭슨의 발달이론에서도 청소년기에 자신의 정체성을 발견하기 위해서는 나를 중심으로 보는 것이 아니라 나를 잊어버릴 정도로 타인에 집중해야 한다고 합니다. 이를 쉽게 할 수 있는 방법이 봉사활동입니다. 그렇기 때문에 교회 안에서도 봉사를 실천해야 하며 봉사를 가치 있게 여겨야 합니다.

네 번째는 청소년이 활동을 통해 배워야 합니다. 봉사를 할 때와 마찬가지로 체험교육을 통해 자아를 찾고 사명을 찾기 위해 직접 나가서 할 수 있는 활동을 해야 합니다. 해외에 나가 다른 문화를 접해 보기도

하고, 다른 사람을 돕기도 하며 자신의 삶의 폭이 좁다는 것을 인식해야 합니다. 체험활동을 통해서 다른 문화권을 경험한 청소년들은 타문화에 대한 이해가 넓어집니다. 그래서 국가에서도 청소년 교류활동을 적극 권장하고 있습니다.

다섯 번째는 청소년에 대한 평가 방식이 변해야 합니다. 효율성과 효과성을 평가의 척도로 가져와야 합니다. 청소년들이 수련회에서 은혜 받았다고 끝날 것이 아니라 우리의 교육목표와 달성 여부를 평가하고 더 많은 것을 이끌어낼 수 있는 역량을 갖추어야 합니다.

위에 다섯 가지 도전을 제시했는데, 여기에 예배와 기도는 들어가 있지 않습니다. 기도와 예배는 기본입니다. 기도와 예배를 토대로 위 다섯 가지 방법을 실천할 때 우리의 사역을 더욱 더 확장시킬 수 있습니다.

청소년사역의 10단계

첫 번째 단계는 '지원그룹 구축하기'입니다. 청소년사역을 하기 위해 혼자 맨 땅에 헤딩하지 말라는 것입니다. 청소년사역을 하기 위해서는 지도자를 지원해줄 교회공동체, 후원자그룹, 학부모그룹을 만들어야 합니다. 선교회도 사역 그룹과 이사회 그룹이 상호보완적으로 협력을 할 수 있도록 만들어야 합니다.

두 번째 단계는 '조사 연구'입니다. 지역, 주제를 조사하고 평가를 해야 합니다. 외국지도자들과 한국지도자의 가장 큰 차이는 연구입니다. 한국의 청소년지도자들은 사역을 할 때 학교에 나가서 학생들에게 사탕 주는 것부터 시작합니다. 그런데 청소년사역을 하려면 조사 연구를 통해 지역의 특성, 부모들의 소득 수준, 지역의 필요, 문화적 특징을 면밀히 살피고 연구하는 것이 선행되어야 합니다.

그렇기 때문에 천천히 사역을 해도 괜찮다고 하는 것입니다. 그런데 안타깝게도 한국의 청소년지도자들은 너무 급합니다. 단기간 내에 성과를 내서 교회에 보고해야 하기 때문입니다.

세 번째 단계는 '네트워크와 협력'입니다. 청소년들의 부모뿐만 아니라 지역의 다른 청소년지도자, 지역단체 등과도 관계를 맺고 자신의 사역을 알려야 합니다. 그래서 도움이 필요할 때는 언제든지 알릴 수 있는 네트워크를 형성해야 합니다. 예를 들어 청소년이 아프다면 병원에 가야 하는데, 병원에 가기 위해서는 그 병원의 의사를 알아야 할 것입니다. 마찬가지로 청소년을 돌보는 지도자도 자신이 누구인지 알려야 합니다. 공공 부문의 청소년 영역에는 이미 CYS-net이라는 체계적인 지역사회를 중심으로 한 돌봄시스템이 있습니다. 이를 주관하는 지역의 청소년상담복지센터와 함께 협력을 시도해야 합니다.

네 번째 단계는 '접촉과 함께 시간 보내기'입니다. 이때부터 청소년들과 함께 시공간을 보내야 합니다. 시공간을 함께 하지 않으면서 청소년들과 친해지겠다는 것은 말도 안 되는 이야기입니다. 이때까지는 복음을 전하지 않아도 괜찮습니다. 그냥 청소년들과 함께 있으면서 친해지는 시간이 필요한 것입니다.

다섯 번째 단계는 '활동'입니다. 봉사활동, 자기계발활동, 동아리활동, 탐험활동 등 다양한 청소년활동들을 통해 청소년과 함께해야 합니다. 청소년들이 스스로 열정적으로 참여할 수 있는 활동 또는 봉사활동 같은 인증이 필요한 활동을 지원할 수 있습니다.

여섯 번째 단계는 '간단한 상담'입니다. 청소년들은 자신과 친근해진 성인 지도자에게 학교, 부모, 경제적 문제 등 자신의 문제를 상의할 것입니다. 이때 지도자는 현장에서 간단한 상담을 할 수 있어야 합니다. 청소년들이 안고 있는 문제는 부모, 교사 그리고 친구와의 관계의 문제가 가장 근본적입니다.

일곱 번째 단계는 '그리스도와 복음 나누기 및 선포'입니다. 청소년들에게 왜 교회에 나와야 하는지, 또 그리스도는 누구인지 등에 대해 말해야 한다는 것입니다. 청소년사역자들은 자신의 이야기를 통해서 복음을 선포할 수 있는 역량을 키워야 합니다.

여덟 번째 단계는 '제자양육'입니다. 이를 통해 청소년들이 그리스도 안에서 바로 성장할 수 있도록 훈련시켜야 합니다. 믿음이 성장하기 위해서는 개인적인 양육을 해야 합니다. 이를 통해서 진정한 그리스도인으로 성장할 수 있습니다.

아홉 번째 단계는 '예배준비와 미션트립'입니다. 제자양육을 통해 어느 정도 성장을 하면 직접 예배를 준비하고, 국내든 해외든 청소년들이 직접 나가 열정을 발휘할 수 있는 장을 제공해야 합니다.

마지막 단계는 '성장을 위한 사역'입니다. 청소년들과 함께 개인과 공동체의 성장을 위해서 사역을 만들고 헌신하는 사역입니다. 이러한 사역의 단계에서는 청소년은 이미 우리의 동역자로서의 위치로 변하게 됩니다.

앞서 열 단계를 배웠지만 이 단계는 정형화된 것이 아닙니다. 또한 기도는 단계에 없습니다. 열 단계 모두 기도가 필요합니다. 아이들을 만나는 것, 지도자가 지치지 않는 것 등은 모두 기도를 통해 해결될 수 있는 문제이기 때문입니다.

열 단계 중 목회적 접근은 네 번째 단계 또는 여섯 번째 단계 정도에서 시작합니다. 아이들과 함께 시간과 공간을 보내며 라포를 형성하고 어느 정도 신뢰가 쌓이면 아이들은 자신의 삶에 대한 질문을 할 것입니다. 그때 목회적인 접근이 필요합니다. 어른들도 마찬가지입니다. 처음부터 복음을 전하려고 하면 거리를 둘 것입니다.

방법보다 원리로

다음세대 사역은 방법론이 아닌 원리에서 시작해야 합니다. 원리 중심의 청소년사역이 중요합니다. 우리는 먼저 청소년사역의 철학을 만들고 어떻게 방법론으로 갈 것인지에 대해 생각해야 합니다.

예를 들어 청소년사역을 처음 시작할 때, 학교 앞에서 먹을 것을 돌리는 일이 시대적으로 적절한지 살펴봐야 합니다. 부모가 청소년들을 교회에 보내지 않는다면 청소년들이 교회에 오는 것은 불가능할 수 있습니다. 중요한 것은 우리가 지금 만나고 있는 청소년들의 요구와 방향성을 잘 분석하고 어떻게 그 요구를 채워줄 수 있을지에 대해 고민하는 것입니다.

우리의 사랑, 재능, 지혜, 성공, 성장 등 모든 것은 하나님의 나라에 비교한다면 바울이 언급한 것처럼 배설물로 여길 수밖에 없습니다. 제가 가장 신뢰하지 않는 책은 사역을 어떻게 했더니 교회가 몇 명 부흥했다는 식의 방법론적인 책들입니다. 이런 방법론은 다 배설물입니다. 우리의 사역은 하나님께서 하시기 때문입니다.

우리는 혼자서 사역을 감당할 수 없습니다. 건강한 믿음의 공동체의 책임과 지원이 함께 해야만 합니다. 교회학교가 부흥했다면 이는 공동체의 적극적인 지원이 있었다는 것을 의미합니다. 그렇기 때문에 청소년사역이 확장되려면 그 사역을 지원할 수 있는 공동체가 필요합니다.

"우리 주 예수 그리스도와 성부 하나님 그리고 성령께서 지혜의 영을 우리에게 주사 하나님을 알게 하시고 그 영이 우리의 마음의 눈을 밝히사 그의 부르심의 소망과 성도 안에서 그 기업의 영광의 풍성함이 무엇인가를 보게 하셨습니다."_에베소서 1:17~18

성부, 성자, 성령께서 저와 여러분의 사역에 함께하시기를 소망합니다. 우리가 사역을 하고 그 사역에 하나님을 불러오는 것은 진정한 사역이 아닙니다. 하나님께서 지금 우리가 살고 있는 이 사회, 이 교회, 이 지역에서 어떤 일을 하고 계신지를 살펴보고 그 일에 우리가 동참하는 것을 진정한 '사역'이라고 합니다.

　　우리의 사역 현장에서 하나님께서 주인 되심을 경험하는 것이 청소년사역의 기본이고 방향성입니다. 여러분의 사역 현장에도 하나님의 역사가 날마다 이루어지기를 소망합니다.

25

제4차 산업혁명 시대와 청소년

"예수께서 대답하여 이르시되 너희가 저녁에 하늘이 붉으면 날이 좋겠다 하고 아침에 하늘이 붉고 흐리면 오늘은 날이 궂겠다 하나니 너희가 날씨 는 분별할 줄 알면서 시대의 표적은 분별할 수 없느냐"_마태복음 16:2~3

이제 청소년사역은 포스트모던 사회를 넘어 미래사회로 진행되고 있습니다. 청소년은 미래를 준비하고 있는 세대이기 때문에 청소년지 도자들은 시대의 표적을 분별하는 역량을 갖추어야 합니다. 최근 미래 사회에 관한 가장 큰 이슈는 2016년 1월 스위스의 다보스에서 열린 세 계경제포럼(WEF)에서 클라우스 슈밥(Klaus schwab)회장이 언급한 '4차 산업혁명'일 것입니다. 클라우스 슈밥(2016)은 자신의 저서에서 '그 규 모, 범위 그리고 복잡성을 미루어볼 때, 제4차 산업혁명은 과거 인류가

겪었던 그 무엇과도 다르다'고 주장하였습니다. 과거 역사 속에서 산업혁명이 우리의 삶에 미친 변화를 생각해 보면 4차 산업혁명은 관심을 가질 수밖에 없는 주제입니다.

현재 세계적으로 4차 산업혁명의 메가트랜드는 인공지능(AI), 로봇공학, 사물인터넷(Iot), 빅데이터, 자율주행자동차, 나노기술, 생명공학, 재료공학, 에너지 저장기술 등 다양한 방식으로 나타나고 있습니다. 이러한 기술을 종합해 보면 4차 산업혁명의 본질은 모든 것이 서로 연결되는 '초연결사회(Hyper Connected Society)'를 만드는 것입니다(클라우스 슈밥, 2016).

4차 산업혁명에 관심을 갖는 가장 큰 이유는 시대의 인재상이 변화되기 때문입니다. 18세기 1차 산업혁명은 '증기기관'이 발명되면서 '기계화'라는 사회적 변화를 이끌었습니다. 이 시대에 사람들은 기계가 대체할 수 없는 인간만의 기술 훈련을 통해 인재를 양성했습니다.

그 후 2차 산업혁명은 19~20세기 초까지 진행되었으며 전기의 발명을 통한 산업화가 이루어졌습니다. 이 시기에 대량생산이 가능해졌으며 이 시대의 인재상은 오래 배워 지식을 많이 갖고 있고, 자신의 지식을 많은 사람에게 동시에 가르치는 능력이 중요했습니다. 매번 산업혁명을 통해서 변화된 사회적 구조는 새로운 교회 공동체의 탄생을 불러왔습니다.

20세기 후반에 나타난 제3차 산업혁명시대에는 컴퓨터와 인터넷을 통해서 정보화 사회가 이루어졌습니다. 이 시대에 필요한 인재상은 세계의 변화를 알고, 영감이 있고, 열의가 있으며 지적인 능력을 가진 인물이었습니다(김명순, 2018). 21세기 4차 산업혁명 시대에는 인간을 중심으로 온라인과 오프라인을 연결하는 인공지능, 빅데이터, 사물인 터넷, 3D프린터 등의 ICT기술을 통해서 '지능화'가 이루어지고 있습니 다. 그렇다면 '4차 산업혁명시대에 필요한 우리의 인재상은 무엇인가?' 라는 질문을 하게 될 것입니다.

"하나님이 이 네 소년에게 학문을 주시고 모든 서적을 깨닫게 하시고 지혜를 주셨으니 다니엘은 또 모든 환상과 꿈을 깨달아 알더라"_다니엘 1:17

청소년사역은 다니엘과 같은 미래의 지도자를 어떻게 준비하느냐 가 중요한 요소입니다. 다니엘과 세 친구는 이방 문화로부터 자신을 지 켰을 뿐만 아니라 그 시대의 지혜와 지식을 통달하고 학문에 익숙한 젊 은이들이었습니다. 청소년사역의 목표는 어려움을 겪고 있는 청소년 을 돕는 것과 동시에 시대를 이끌 수 있는 청소년을 양육하는 것입니 다. 그러기 위해서 청소년지도자로서 우리는 시대의 표적을 해석할 수 있는 역량이 필요합니다. 무엇이 미래사회에 필요한 핵심 역량인가를 이해하고 지도할 수 있어야 합니다.

4차 산업혁명의 변화를 읽어라

최근 4차 산업혁명은 우리사회에 사회, 정치, 경제, 문화, 교육 등 거의 모든 분야에서 가장 큰 이슈가 되고 있습니다. 정치지도자에서부터 교육학자까지 4차 산업혁명의 변화를 인식하고 이에 대비를 하려고 빠르게 움직이고 있습니다. 대한민국 정부는 대통령직속 4차 산업혁명 위원회를 만들어 변화를 준비할 정도로 국가적인 관심을 갖고 있습니다.

다보스포럼에서는 4차 산업혁명 사회를 '모든 것이 연결되고 더 지능적인 사회'로 정의하였습니다(Schuwab, 2017). 이민화(2017)는 4차 산업혁명을 '현실과 가상의 세계가 인간을 중심으로 융합하는 시대'라고 정의하였습니다. 그는 4차 산업혁명을 인간을 중심으로 온라인(Online)과 오프라인(Offline)의 연결하는 방식인 O2O방식으로 설명하였습니다.

오프라인의 물리적인 세계가 1:1로 온라인의 사이버 세계에 만들어지고 이를 가능하게 하는 기술은 빅데이터, 사물인터넷, 웨어러블 디바이스가 있습니다. 그와 반대로 온라인의 데이터를 오프라인의 현실 세계로 옮기는 아날로그화 기술은 3D프린터, 무인자동차, 로봇, 드론, VR기술을 제시하였습니다. 그리고 이렇게 만들어진 데이터를 보호하기 위해 블록체인 기술과 데이터를 분석하는 인공지능(AI)이 만들어졌습니다. 인간을 중심으로 진행되는 O2O방식의 '초연결사회', '초지능사회'는 기술 발전을 통해서 시간의 절약과 공간의 확장을 만들어 주었습니다.

이처럼 인간을 중심으로 오프라인의 공간을 확장시켜 사이버 공간으로 연결하는 것은 4차 산업혁명의 특징입니다. 태초에 창조주 하나님께서 땅과 하늘 즉, 공간을 창조하신 것처럼 4차 산업혁명은 사이버라는 새로 만들어진 공간에서 이루어지고 있습니다.

그렇다면 사이버 공간은 누구의 창조물이라고 판단해야 하나요? 사이버공간은 시간과 공간 안에 창조되어진 인간이 자신이 속해있는 공간을 확장한 결과입니다. 창조주 하나님의 형상대로 만들어진 인간이 만들어낸 공간은 그 속 깊은 곳에 하나님의 지혜가 담겨 있습니다. 그렇기 때문에 피조물의 창조를 통해서 만들어진 사이버 공간은 하나님의 창조물이라고 봐야 합니다. 그렇다면 하나님의 자녀인 우리에게 사이버라는 땅도 역시 다스리고 정복해야 할 곳입니다.

세계경제포럼(2017)은 4차 산업혁명 시대에는 정보통신의 기술을 통해서 산업현장의 생산성이 향상되고 이로 인해 노동시간이 감축될 것으로 예상했습니다. 뿐만 아니라 사람이 하던 노동을 로봇이 담당하게 되기 때문에 대량 해고의 위험을 알리고 있습니다.

그렇기 때문에 사이버라는 새로 만들어진 공간에서 활약해야 할 다음세대에게는 위기가 예측됩니다. 뿐만 아니라 이전 세대가 살아왔던 곳이 아닌 새로운 세상에서 활약할 다음세대에는 큰 기회가 있을 것입니다. 마치 이스라엘 민족이 출애굽 이후 가나안 땅에 처음 들어갈 때 경험했던 어려움을 우리 다음세대는 경험할 것입니다.

우리가 논의 하고 있는 4차 산업혁명의 변화는 인재양성을 위한 교육의 내용과 방법의 변화를 요구하고 있습니다. 뿐만 아니라 청소년사역에 있어서도 사회변화에 맞게 청소년 지도에 관한 연구가 요구되어지고 있습니다.

새로운 시대 새로운 인재

미래사회의 인재 역량에 관한 연구들은 국내외의 여러 영역에서 끊임없이 진행되고 있습니다(Schwab, 2016; Roberta M, 2016, WEF, 2015). 클라우스 슈밥(2016)은 미래사회의 문제들을 의미있게 다루기 위해서 네 가지 지적인 능력을 키워야 한다고 주장했습니다.

그가 말한 인재를 위한 네 가지 지능은 상황맥락(contextual)지능, 정서(emotional)지능, 영감(inspired)지능, 신체(physical)지능입니다.

첫째, 상황맥락(contextual)지능은 인지한 것을 이해하고 자신의 삶 속에 적용하는 것을 말합니다. 둘째, 정서(emotional)지능은 생각과 감정을 정리하여 타인과 관계 맺는 능력을 의미합니다. 셋째, 영감(inspired)지능은 변화를 이끌고 공동의 이익을 꾀하기 위해 개인과 공동의 목적, 신뢰성과 같은 덕목을 활용하는 능력입니다. 넷째, 신체(physical)지능은 개인에게 닥칠 변화와 구조적 변화에 필요한 에너지를 얻기 위해 자신은 물론 주변의 건강과 행복을 유지하는 능력이라고 정의하였습니다.

미국의 발달심리학자인 로베르타 골린코프(2016)는 21세기에 필요한 역량을 하드스킬과 소프트스킬로 나누어 설명하였습니다. 그는 전통적으로 성적표에 점수로 평가되는 영역을 하드스킬로 규정하였습니다. 그와 반대로 소프트 스킬은 하드스킬을 제외한 모든 부분의 능력이라고 정의했습니다. 그리고 그는 특별히 21세기에 필요한 핵심 소프트스킬을 협력(Collaboration), 의사소통(Communication), 콘텐츠(Content), 비판적 사고능력(Critical Thinking), 창의적 혁신(Creative Innovation), 자신감(Confidence)의 앞 자를 따서 6C로 제시하였습니다.

세계경제포럼(2015)은 2020년에 필요한 상위 10대 기술을 조사하였습니다. 그 결과에 따르면 ① 복잡한 문제해결(Complex Problem Solving), ② 비판적 사고능력(Critical Thinking), ③ 창의력(Creativity), ④ 인적관리(People Management), ⑤ 다른 사람과의 협력(Coordianting with Others), ⑥ 감성지능(Emotional Intelligence), ⑦ 분별 및 의사결정(Judgement & Dcision Making), ⑧ 서비스 지향(Service Orientation), ⑨ 협상력(Negotiation), ⑩ 인지적 유연성(Cognitive Flexibility)으로 규정하였습니다.

미래 사회의 인재상이 변화되고 있습니다. 지금까지 강조되었던 하드스킬에서 소프트스킬로 갖추어야할 인재의 역량이 변화되고 있습니다. 다음세대를 지도하는 사역도 이러한 사회적 변화에 민감하게 반응해야 합니다. 교회에서의 청소년지도가 기독교의 기본가치인 사랑의 실천방식을 더욱 깊이 고민해야 할 이유입니다.

미래사회는 다음과 같은 변화가 예측됩니다. 첫째로 21세기 사회·문화적인 변화는 사회나 가족구조에 의한 개인의 가치관 변화가 예상됩니다. 가장 먼저 만혼, 비혼, 이혼 가정이 늘면서 기존의 가족 중심의 가치관은 급격하게 무너질 것으로 예측됩니다.

청소년백서(2017)에 따르면 9세~24세의 청소년인구는 2016년 9,249,000명에서 2060년이 되면 약 5,000,000명으로 감소할 예정입니다. 이러한 인구의 감소는 다양한 가족과 핵가족을 넘어 1인 가족의 증가를 가져올 것으로 예측됩니다.

전통적 가족의 붕괴는 청소년들이 자기중심적이고 개인적인 가치

청소년(9~24세) 인구추이

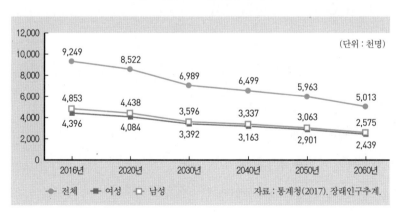

관을 갖게 할 것입니다. 청소년백서(2017)에서도 급속한 문화적 변동, 전통적 가치관과 가정기능의 붕괴를 경고하고 있습니다.

학교교육은 현행 학습과 평가방식에 기득권을 가지고 있는 계층에 의해 국민적 요구보다 천천히 변화할 것입니다. 청소년들은 기술혁명 시대에 학교에서 배우는 것보다 공교육 밖에서 삶에 필요한 기술들을 배우게 될 것이며, 이러한 교육환경은 학습자에게 불평등을 가져올 것입니다. 교육의 불평등은 소득의 불균형과 복지비용의 증가를 가져올 것으로 예상됩니다.

두 번째로 우리사회를 지탱하는 핵심기술의 변화가 예측됩니다. 청소년과 관련된 기술의 변화에서 우리사회는 스마트폰 보급률 세계 1위라는 명암(明暗)이 함께 공존하는 데이터를 가지고 있습니다. 스마트폰 보급률 1위로 인해 청소년 인터넷 중독이라는 심각한 결과를 가져올 것입니다.

여성가족부의 조사에 따르면 2015년 기준 초등학교 4학년 '인터넷 중독 위험군'은 23,483(5.7%), '스마트폰 중독위험군'은 16,735명(4.7%)로 발표하였으며 이는 매년 증가하고 있는 추세입니다(여성가족부, 2015).

온라인에서 데이터를 만들고 사용하는 능력에 관한 기술이 요구됩니다. 특별이 기계와 소통할 수 있는 능력 즉 코딩에 관한 능력이 요구되어집니다. 현재 교육부에서도 코딩교육의 시간을 늘려 디지털 감수

성을 높이는 교육을 시도하고 있습니다. 교육부는 올해 중학교에 도입된 교육을 2020년에는 중학교 3학년까지 확대할 예정입니다.

4차 산업혁명의 가장 근본적인 변화인 제조업과 ICT의 결합은 새로운 역량을 가진 소수의 엘리트 노동자들이 필요한 사회가 되고 있습니다. 4차 산업혁명의 사회에는 창의적이고 덜 반복적인 업무가 로봇이나 자동화된 기계보다 우위를 점할 수 있는 영역이 될 것입니다.

셋째 청소년과 관련된 경제환경의 변화가 예측됩니다. 경제적 환경을 설명하는데 있어서는 '불확실성'이 가장 잘 표현된 단어일 것입니다. 세계화된 경제 환경은 한국의 경제만이 아닌 세계경제에 영향을 받고 있기 때문에 그 불확실성은 더 커져가고 있습니다.

선진국과 신흥국의 경제패권 다툼은 우리에게도 큰 영향을 주고 있습니다. 선진국은 제조업공장을 동아시아에 두고 운영해 왔습니다. 그러나 제조업이 ICT와 결합하면서 제조업이 이제는 결코 노동집약적인 사업이 아닐 것입니다. 자동화와 소규모 노동자들을 통해서 극대화된 결과를 얻을 수 있는 기술들이 개발되면서 제조업들은 다시 선진국으로 돌아갈 것입니다. 이러한 경제 환경의 변화는 선진국보다는 우리와 같은 신흥국의 더 큰 위기로 작동할 것이 예측됩니다(최윤식, 2014).

청소년들의 진로와 취업과 관련해서 말하자면, 안정된 대기업에 입사하는 것이 점점 더 어려워지고 있습니다. 더 많은 역량을 가진 노동자를 원하게 될 것이며 반복적으로 하는 일은 모두 로봇에게 그 역할을 빼앗기게 됩니다. 그렇기 때문에 4차 산업 혁명에 필요한 인재의 역량에 '창의성'이 가장 먼저 언급되는 것입니다.

넷째, 청소년과 관련된 환경의 변화가 예측됩니다. 환경오염으로 인한 기후의 변화는 4계절의 경계를 옮겨놓고 있습니다. 우리는 너무 더운 여름과 시베리아만큼 추운 겨울 그리고 기후변화로 짧은 봄과 가을을 경험하고 있습니다.

이러한 기후의 변화는 질병의 변화와 야외 활동의 제약을 가져오고 있습니다. 특히 청소년들에게 기후의 변화는 질병의 증가와 운동량의 감소로 인해 개인의 건강을 지키기 어려운 환경에 노출되는 결과를 가져왔습니다.

청소년의 사망원인 중에 첫 번째와 두 번째로 높은 요인이 자살과 질병입니다(통계청, 2017). 청소년들은 야외활동이 증가하는 봄철에 황사로 인해 교실 안에만 있어야 하고 짧은 여름방학에는 너무 더워 야외활동을 할 수 없습니다. 환경오염은 청소년들의 발달에 심각한 악영향을 주리라 예측됩니다.

다섯째, 청소년과 관련된 정책과 법률의 변화가 예측됩니다. 2015년 공포된 인성교육법제정과 2012년 경기도, 광주광역시, 서울, 전북에서 공포된 학생인권조례와 같은 인권교육강화는 그동안 경쟁위주의 학교교육에 대한 반성으로 앞으로도 계속해서 강화될 것으로 예상되어 집니다.

청소년들의 사회참여가 계속 증가할 것으로 예상되어집니다. 이러한 사회참여는 세계적인 추세입니다(청소년백서, 2017). 현재 주장되고 있는 선거연령의 하향 조정은 사회의 합의가 이뤄지면 진행될 것으로 보이며 이미 청소년특별위원회, 청소년참여위원회, 청소년운영위원회와 같은 청소년참여기구가 작지만 정책적으로 실행되고 있습니다. 청소년은 정치, 경제, 문화적인 부분에 더 많은 참여를 하게 될 것입니다.

4차 산업혁명 시대의 청소년사역의 방향

4차 산업혁명시대에 필요한 인재를 맞춤형으로 교육을 해야 한다는 데에는 많은 사람들이 동의하고 있습니다. 이를 위해서 학교교육의 커리큘럼과 평가방식을 전면 개편해야 한다는 의견들이 쏟아지고 있습니다(EBS, 2016). 교회 역시 다음세대의 교육에 있어 인재를 만들어내는 교육 방향을 새롭게 설정해야 합니다.

첫째, 공간의 변화를 만들어야 합니다. 지금까지 청소년사역의 공간을 교회 안으로 생각했다면 교회 밖의 다양한 지역사회와 함께 할 수 있는 공간을 개척해야 합니다. 교회학교는 청소년들의 성장을 위해 지역사회를 연결하는 허브 역할을 담당해야 합니다. 청소년시설은 장소를 제공하는 하드웨어 중심의 역할에서 이제 소프트웨어의 역할을 하는 기관이 되고 있습니다. 교회학교는 청소년들에게 복음을 선포하는 것뿐만 아니라 지역사회를 청소년과 연결하는 역할을 해야 합니다.

둘째는 청소년지도자의 역할이 변화해야 합니다. 지도자는 교사의 위치에서 청소년들과 함께 하는 동반자적인 위치로 돌아와야 합니다. 청소년사역자는 교실에서 교사가 지식을 넣어주는 것처럼 무언가를 가르치는 사람이 아닌 복음을 실천하고, 청소년의 잠재력을 찾아주고, 역량을 키우기 위해서 함께하고, 그들의 도전을 지지하는 역할을 해야 합니다. 청소년지도자들의 아날로그 감성 뿐만 아니라 4차 산업혁명에 필요한 인재를 양성하기 위한 디지털 감성과 역량을 높여야 합니다.

셋째 청소년의 지도방식이 변화되어야 합니다. 그동안 주입식 교육에 익숙해 있는 교회학교가 이제 청소년 스스로 답을 찾는 방식으로 바뀌어야 할 것입니다. 그러기 위해 암기 위주의 교육보다 질문을 통해서 스스로 답을 찾아내는 방식이 필요합니다. 답을 주는 대신에 질문 중심의 하브루타 교육방식으로 전환하는 것도 한 방법입니다.

이를 통해서 청소년의 문제해결력, 창의성, 소통의 능력을 키워야 하고, 이러한 지원을 위해 인지교육에서 활동 중심의 교육으로 그 중심이 옮겨가야 합니다.

예수 믿는 교회

제가 개척한 교회의 이름은 '예수 믿는 교회'입니다. 처음에 교회 이름도 없이 몇 년을 지내면서 어떤 이름이 우리 공동체에 적당할까를 고민했습니다. 그러던 어느 날 문득 내가 예수를 제대로 믿지 않고 살고 있다는 생각이 들었습니다. 말끝마다 '현실적으로'라는 말을 하면서 예수님께서 일하시는 부분을 인정하지 않고 있었습니다. 그때 반성하고 예수를 믿는 것이 무엇보다 먼저인 공동체를 만들어 보고자 결심했습니다. 그때 만든 이름이 '예수 믿는 교회'입니다.

다른 목사님들이 "그럼 예수 안 믿는 교회도 있나요?"라고 물어보십니다. 그때 저는 속으로만 말합니다. "예 그런 것 같아요" 예수 믿고 살아야 합니다. 히브리 사람들의 '믿는다'는 단어에는 아는 것과 믿는 것과 행동하는 뜻이 모두 포함됩니다. 예수님과 개인적인, 그리고 인격적인 관계를 통해서 그렇게 살 수 있다고 믿습니다. 내 힘이 아니라 예수님을 힘입어 사는 것입니다.

그래서 삶이 우리의 메시지라는 생각으로 선교와 구제에 재정을 흘려보내고 있습니다. 나누어 주는 사람이 복되다는 말씀을 의지하여 공동체를 돌보고 있습니다. 예수 믿는 교회는 청년들이 2/3입니다. 그래서 넉넉하지 못합니다. 그리고 삶의 무게가 힘든 청년들이 함께 성장하고 있습니다. 그럼에도 불구하고 예수믿는 대로 살 수 있다는 것을 알리고 싶습니다.

선교회에만 있다가 교회공동체와 함께하면서 많은 것을 느꼈습니다. 선교회는 훈련해서 보내는 구조이지만 교회는 함께 살아야 합니다. 그래서 보내는 사역보다 훨씬 에너지가 많이 들어갑니다. 그럼에도 불구하고 교회라는 공동체를 통해서 하나님께서 역사하시고 사람을 성장시키는 모습을 발견합니다.

청소년지도자 여러분, 우리가 속한 공동체가 중요합니다. 서로를 위로하고 깊은 내면을 나누고 지지하고 경청하는 공동체에 속해 있어야 합니다.

뿐만 아니라 청소년과 가정을 위한 총체적인 사역을 위해서라도 교회 공동체의 지원이 꼭 필요합니다. 물질적, 정서적, 영적인 지원은 하나님의 공동체를 통해서 우리에게 공급됩니다. 교회는 우리의 고민이지만 또한 세상의 희망입니다.

청소년지도자에게

이 책은 지금도 이름 없이 어느 한 모퉁이에서 선한 사역을 하고 있는 청소년지도자(교사)를 위해서 기록하였습니다. 여러분이 하고 계시는 사역이 훌륭한 것이고 그것을 통해서 하나님께서 영광 받으실 것이라고 말하고 싶었습니다.

제가 사역을 하면서 가장 힘들었던 것은 더 이상 저의 사역을 보고해야 할 조직이나 모교회가 없다는 것입니다. 제가 나서 자란 교회는 이제 식물교회가 되어 연명하고 있고, 파송한 교회 역시 저의 사역을 깊게 이해하지 못하게 되었습니다.

또한 다른 분들이 가 보지 않은 길을 가고 있기 때문에 이런 경험이 있는 저를 이해하고, 위로하고, 격려하고, 지지해줄 멘토도 없었습니다. 저는 한 걸음 한 걸음 사역을 하며 어려움을 겪을 때마다 제가 하는 일에 대한 성경적, 철학적, 신학적인 답을 스스로 찾아야 했습니다. 그러다보니 확신도 적었고, 사역도 더디게 진행되었습니다.

청소년지도자들의 현장에서 스스로를 해석했고, 청소년을 해석하기 위해 교육학과 상담학을 공부했고, 문화를 이해하기 위해 많은 책을 읽었습니다. 개인의 일이었지만 이렇게 해석했던 경험과 작업이 다음세대 지도자들에게 도움이 되기를 바랍니다. 그리고 여러분의 사역이 해석을 통해 의미가 부여되기를 기도하고 지지하고 싶습니다.

친구이자 동역자인 여러분과 만나서 이야기를 나누기를 소망합니다. 제 삶의 이야기와 복음의 이야기 그리고 청소년들과 그들의 문화에 대한 이야기를 총체적으로 나눌 기회를 갖고 싶습니다. 그리고 여러분의 이야기를 듣고 싶습니다. 인간의 이야기는 궁극적으로 하나님의 이야기와 연결되어 있습니다. 그런 논리로 보면 동시대를 살고 있는 저와 여러분의 이야기도 연결되어 있습니다. 이러한 이야기들이 모여 새로운 시대를 열어가야 합니다.

제게 있어 삶과 사역의 답은 '예수'였고, 그를 믿는 믿음으로 우리에게 주어진 아들이 되는 권세를 선물로 받았습니다. 시간이 지나면서 제 사역을 재해석할 수 있는 눈이 열렸습니다. 다음세대 사역을 하고 계신 모든 분들께 하나님의 은혜와 평강이 넘치기를 소망합니다.

전인멘토 마상욱 목사 드림

- 고든 D. 피 · 더글라스 스튜어트. 『성경을 어떻게 읽을 것인가』 (서울: 성서유니온, 2017).
- 권미화 (2000) 〈청소년소비자의 소비가치와 소비행동의 합리성〉 서울대학교 박사학위논문.
- 권일남. 마상욱 외. 『청소년을 위한 멘토링의 이해와 실제』 (서울: 학지사, 2013).
- 김명순(2018). 4차 산업혁명의 사회적 변화에서 아동과 아동학의 방향. 한국아동학회 학술발표논문집. 11–43.
- 니컬러스 크리스태키스. 제임스 파울러. 『행복은 전염된다』 이충호 역 (서울: 김영사, 2010).
- 루이스. C. S. 『나니아 연대기』. 햇살과 나무꾼 역 (서울: 시공주니어, 2005).
- 리처드 니버. 『그리스도와 문화』 (서울: IVP, 2007).
- 모티머 J. 애들러 외. 『독서의 기술』. 민병덕 역 (서울: 범우사, 1986).
- 신국원. 『니고데모의 안경』 (서울: IVP, 2005).
- 알리스터 맥그레스. 『신학이란 무엇인가?』 (서울: 복있는 사람, 2014).
- 정성욱. 『삶 속에 적용하는 삼위일체신학』 (서울: 홍성사, 2013).
- 여성가족부(2017). 청소년백서.
- 여성가족부(2015). 2015년 인터넷 · 스마트폰 이용습관 진단조사.
- 이상원 외. 『교회의 성(性), 잠금해제?』 (서울: IVP, 2014).
- 제임스 로더. 『인간발달』 유명복 역 (서울: CLC, 2006).
- 제임스 로더. 『성령의 관계적 논리와 기독교교육 인식론』 이규민 역 (서울: 대한기독교서회, 2009).
- 존 브레드 쇼. 『가족』 오제은 역 (서울: 학지사, 2006).
- 존 브레드 쇼. 『수치심의 치유』 김혼찬, 고영주 역 (서울: 한국기독교상담연구소, 2008).
- 최윤식(2014). 2030 대담한미래2. 서울:지식노마드.
- 최진기(2018). 한권으로 정리하는 4차 산업혁명. 서울: 이지퍼블리싱.

- 케빈 밴후저, 『이 텍스트에 의미가 있는가?』 (서울: IVP, 2008).
- 케빈 밴후저, 『문화신학』 (서울: 부흥과개혁사, 2009).
- 통계청(2017). 2016년 사망원인통계.
- 티나 로젠버그, 『또래압력은 어떻게 세상을 치유하는가』 이종호 역 (서울: RHK, 2012).
- 폴 트루니에, 『인간이란 무엇인가』 강주헌 역 (서울: 포이에마, 2014).
- EBS(2016). 교육대토론 4차산업혁명 미래교육방향(특집대담프로그램).

- Andrew Root and Kenda Creasy Dean, The Theological Turn in Youth Ministry (Downers Grove, Il: InterVarsity, 2011)
- Christian Smith with Melinda Lundquist Denton, Soul Searching: The Religious and Spiritual Lives of American Teenagers(New York: Oxford University Press, 2005)
- Commission on Children at Risk, "Hardwired to Connect: The New Scientific Case for Authoritative Communities" (New York: Institute for America Values, 2003).
- Dean Borgman, Hear My Story: Understanding the Cries of Troubled Youth(Peabody, MA: Hendrickson, 2003)
- Dean Borgman, Foundations for Youth Ministry (Baker Academic, 2013)
- Douglas Keith Candland, Feral Children and Clever Animal: Reflection on Human Nature(New York: Oxford University Press, 1993).
- Jack O. Balswick and Judith Balswick, The Family: A Christian perspective on the contemporary Home, 3rd ed. (Grand Rapids: Baker Academic, 2007)
- Fransis E. Clark, Christ and the Young People (New York: Revell, 1916).
- Guttmacher Institute, "Facts on American Teens'Sexual and Reproductive Health," guttmacher. org/sections/adolescents.php.
- John Bradshaw, Bradshaw on the family: A New Way for Creating Solid Self-Esteem(Deerfield Beach, FL: Health Communications, Inc., 1996).
- Marc Prensky, "Digital Natives, Digital Immigrants," On the Horizon 9, no. 5(October 2001)
- Marc Prensky, "Digital Wiiscom and Homo Sapiens Digital," in Deconstucting Digital Natives, ded. Michael Thomas (New York: Routledge, 2011).
- Paul Borthwick, Feeding Your Forgotten Soul: Spiritual Growth for Youthworkers (ElCajon, CA: Youth Specialties, 1990).
- Ray S. Anderson and Dennis B. Guernsey, On Being Family: A Social Theololgy of the

Family (Grand Rapids: Eerdmans, 1985).

- Roberta M. Golinkoff and Kathy Hirsh-Pasek(2016). Becoming Brilliant: What Science Tells Us About Raising Successful Children. 김선아 역(2018), 4차 산업혁명시대 미래형인재를 만드는 최고의 교육, 서울: 예문아카이브.
- Robert Wauzzinski, Discerning Prometheus: The Cry for Wisdom in Our Technological Society (Madison, Nj: Fairleigh Dickenson, 2001).
- Schwab, Klaus (2016). The Fourth Industrial Revolution. 송경진 역 (2016), 제4차 산업혁명. 서울: 새로운현재.
- Schwab, Klaus (2017). Shaping the Fourth Industrial Revolution. 김민주 · 이엽 옮김 (2018). 클라우스 슈밥의 제4차 산업혁명, 더 넥스트. 서울: 새로운 현재.
- St. John Chrysostom: On Marriage and Family Life, trans, Catherine P.Roth (Crestwood, NY: St. Vladimir's Seminary Press, 1986).
- University of Minnesota Extension, "Parenting Education Resouces," www.extention. umn.edu/ parenting/.
- University of Minnesota Extension, "The Immprtance of Family Mealtimes," extention. umn.edu/ profects/family/parenting/components/mealtime.html.
- Urie Bronfenbrenner, The Ecology of Human Development: Experiment by Nature and Design (Cambridge, MA: Harvard University Press, 2006).
- World Economic Forum(2015). New vision for education: Unlocking the poetntial of technology, Colony/Geneva: World Economic Forum.
- World Economic Forum(2016). New vision for education: Fostering social and emotional learning through technology, Colony/Geneva: World Economic Forum.
- http://www.thejaywalker.com/pages/shoemaker.html